COMMENTAIRE

SUR LA LOI

DU 18 PLUVIOSE AN 9,

Portant Établissement d'un Tribunal criminel spécial.

PAR le citoyen REY, homme de loi, ex-constituant.

A PARIS.

AN IX.

On trouve des exemplaires de cet Ouvrage, à Paris, chez l'AUTEUR, rue Neuve des Petits-Champs, nos. 10 et 47.

Et chez ROUSSE, libraire, Palais-Égalité, salle des quatre colonnes, no. 22, près le grand escalier.

PRIX { Pour Paris, 2 fr. 50 c.
Pour les Départemens, 3 fr., franc de port.

L'Auteur prévient que tous les exemplaires de la présente édition seront signés de sa main.

COMMENTAIRE
SUR LA LOI
DU 18 PLUVIOSE AN 9.

INTRODUCTION.

La marche, toujours lente, de la procédure par jurés, et, dans certains cas, l'insuffisance des peines, ne pouvoient plus se concilier avec l'intérêt de la société, qui réclamoit une prompte expédition des affaires criminelles et des exemples capables de porter la terreur dans l'ame des méchans.

Les Législateurs, pénétrés de cette grande vérité, ont augmenté la punition de certains délits, et confié la poursuite et le jugement de tous ceux qui attaquent, plus directement que les autres, l'ordre public, soit par leur nature, soit par leurs effets, à des juges dispensés des formalités qui ne sont nécessaires, ni à la conviction du crime, ni au triomphe de l'innocence. Armés de toute la sévérité des lois, ils sont strictement soumis à leur exécution. Les décisions de ces juges, quand le tribunal suprême a confirmé leur compétence, ne peuvent être réformées, ni suspendues par aucune autorité.

La sûreté des routes, la sécurité des campagnes, seront le fruit de cette institution. Terrible pour les brigands, elle ne peut alarmer les bons citoyens.

Le tribunal qu'elle a établi produira le triple avantage de dissiper les rassemblemens armés qui infestent les routes et désolent les campagnes, de purger le sol de la France des grands coupables qui ne sont susceptibles, ni d'amendement, ni de repentir, et de retenir dans le devoir ceux qui seroient tentés de marcher sur leurs traces.

L'organisation de ce tribunal, qui déroge en plusieurs points aux attributions des tribunaux ordinaires et des conseils de guerre, la forme de procéder qui lui est particulière, les peines qu'il doit prononcer, peuvent exiger des explications que je me suis proposé de donner, élever des doutes que j'ai eu en vue de résoudre, et faire naître des questions sur lesquelles j'ai hasardé une opinion.

Je n'ai pas la prétention d'avoir constamment saisi dans ce travail, l'esprit de la loi que j'ai commentée, et d'avoir toujours fait une juste application de celles que j'ai prises pour base de ma discussion. Bien des erreurs, sans doute, y auront été commises ; mais indépendamment qu'il pourra toujours être utile sous certains rapports, ces erreurs même pourront concourir à l'instruction publique, lorsque de bons esprits, avec plus de réflexion et de moyens, les auront démontrées.

J'examinerai la loi du 18 pluviôse an 9 sous ses divers rapports, qui ont pour objet la formation et l'organisation du tribunal criminel spécial ; sa compétence ; la poursuite, l'instruction et le jugement.

CHAPITRE PREMIER.

De la formation et de l'organisation du tribunal.

ARTICLE PREMIER.

Il sera établi, dans les départemens où le Gouvernement le jugera nécessaire, un tribunal spécial pour la répresssion des crimes ci-après spécifiés.

On voit que cet établissement n'est pas de rigueur, et de même qu'il peut être fait dans tous les départemens, il est possible qu'il n'ait lieu que dans certains : alors, ceux où il n'y en aura pas, continueront d'être soumis aux règles ordinaires.

ART. II.

Ce tribunal sera composé du président et des deux juges du tribunal criminel, de trois militaires ayant au moins le grade de capitaine, et de deux citoyens ayant les qualités requises pour être juges. Ces derniers, ainsi que les trois militaires, seront désignés par le premier Consul.

Les trois militaires et les deux citoyens qui seront désignés, en exécution de cet article, seront-ils inamovibles ?

Il n'y auroit aucun doute sur l'affirmative, si l'article 2 avoit dit qu'ils seroient nommés par le premier Consul. En effet, l'article 41 de la constitution porte : que le premier Consul nomme tous les juges criminels et civils, autres que les juges de paix et de cassation, sans pouvoir les révoquer.

Mais l'article 2 de la loi discutée ayant employé une expression différente, en disant que les trois militaires et les deux citoyens seroient désignés par le premier Consul, il paroît que les Législateurs n'ont pas entendu rendre ce choix irrévocable, et qu'ils lui ont laissé la faculté de le renouveler.

Quoique les trois militaires et les deux citoyens procèdent comme juges dans le tribunal spécial, cette qualité temporaire n'est pas exclusive d'autres fonctions. Les militaires et les hommes de loi, lorsqu'ils n'exerceront pas dans ce tribunal, pourront remplir les devoirs de la profession à laquelle ils sont plus spécialement destinés. On ne peut par conséquent les considérer sous le rapport des juges dont parle l'article 41 de la constitution, qui sont exclusivement occupés de fonctions judiciaires, et ne peuvent être révoqués.

Il peut, au surplus, être nécessaire d'employer ailleurs les trois militaires qui auroient été désignés, et paroître convenable de ne pas surcharger trop long-tems du poids de ces fonctions les deux hommes de loi qui auroient été appelés à les remplir.

Ces considérations me portent à croire que les Législateurs ont voulu, dans ce cas particulier, s'en rapporter à la sagesse du premier Consul, soit pour laisser en place les militaires et les hommes de loi qu'il auroit déjà désignés, soit pour en désigner de nouveaux.

ART. III.

Le commissaire du Gouvernement près le tribunal criminel, et le greffier du même tribunal, rempliront leurs fonctions respectives de commissaire du Gouvernement

ment et de greffier près le tribunal spécial.

ART. IV.

Dans les cas où le Gouvernement jugera nécessaire d'établir un tribunal criminel spécial dans le département de la Seine, les trois juges qui, par l'article II, doivent être pris dans le tribunal criminel, seront choisis par le Gouvernement dans les deux sections dont il est composé. Le Gouvernement pourra, dans ce même cas, établir un commissaire autre que celui du tribunal criminel.

La première des exceptions mentionnées dans cet article, n'étoit nécessaire que pour le département de la Seine, puisque le tribunal criminel de ce département est le seul où il y ait deux sections.

La multiplicité des affaires criminelles, dans le même département, a sans doute déterminé la faculté donnée au Gouvernement par la seconde exception.

Art. V.

Le tribunal spécial ne pourra juger qu'en nombre pair, à huit ou à six au moins.

S'il se trouve sept juges à l'audience, le dernier, dans l'ordre déterminé par l'article II, s'abstiendra.

Celui des deux citoyens qui aura été désigné au second rang par le premier Consul, ne pourra connoître du procès, dans le cas de la seconde disposition de cet article, si ces deux citoyens sont dans le nombre des sept juges présens à l'audience. Si l'un des deux citoyens étoit absent, l'autre devroit s'abstenir.

S'il y avoit absence ou légitime empêchement du président ou de l'un des deux juges du tribunal criminel, qui doivent concourir à la formation du tribunal spécial, ou de plusieurs d'entr'eux, devroient-ils être remplacés par les suppléans desdits juges, soit dans le cas où les trois militaires et les deux citoyens, présens à l'audience, formeroient avec un juge du tribunal criminel le nombre de six, soit lorsqu'il y auroit moins de six juges?

Je pense que les suppléans ne peuvent jamais remplir les fonctions de juges dans le tribunal spécial, parce que le tribunal criminel n'entre pas tout entier dans le tribunal spécial où l'article 2 n'a appelé que le président et les deux juges; et parce que les suppléans, autorisés par les articles 34 et 39 de la loi du 27 ventôte an 8, à suppléer les juges dans le tribunal criminel, n'ont pas reçu la même autorisation, à l'égard du tribunal spécial, par la loi de son établissement.

La loi n'a fait entrer dans la formation de ce tribunal que le président et les deux juges du tribunal criminel; elle n'a, nulle part, appelé les suppléans desdits juges à remplir des fonctions dans le tribunal spécial. Leurs fonctions ont toujours resté dans les bornes de leur institution, et ils ne peuvent en exercer que dans le tribunal criminel, en défaut d'un ou de deux juges de ce tribunal.

Il résulte de ces observations, que le tribunal spécial seroit légalement formé par le président ou un juge du tribunal criminel, les trois militaires et les deux citoyens ; et même, en l'absence du président et des deux juges du tribunal criminel, par les trois militaires, les deux citoyens et un gradué assermenté ou homme de loi.

En effet, quoique les trois juges du tribunal criminel aient été mis au premier rang dans la composition du tribunal spécial, néanmoins, dans un cas d'absence ou de légitime empêchement, les autres cinq juges sont autorisés à le former avec l'assistance d'un gradué assermenté ou homme de loi, puisque la loi discutée n'a pas dérogé à cette faculté accordée aux tribunaux, sans aucune exception, par l'article 2 de la loi du 29 août 1792.

Si, à cause de l'absence ou du légitime empêchement de plusieurs juges, quelle que fût la qualité des absens, il ne s'en trouvoit que quatre présens à l'audience, ils pourroient appeler deux gradués, ou hommes de loi, pour former le nombre de six.

Mais trois gradués, ou hommes de loi,

ne peuvent jamais concourir dans un jugement, attendu que la faculté indéfinie qui avoit été accordée aux tribunaux, par la loi que je viens de citer, d'appeler des gradués assermentés, ou hommes de loi, pour remplacer les juges absens, et concourir aux jugemens, a été restreinte au nombre de deux, au plus, par l'article 16 de celle du 30 germinal an 5.

Cette dernière loi n'a mentionné, dans sa disposition, que les tribunaux civils; mais elle doit, à bien plus forte raison, être exécutée dans les tribunaux criminels, où il s'agit de l'honneur et de la vie, et où des citoyens qui ne sont pas revêtus de fonctions publiques, et qui sont appelés par les juges, inspirent moins de confiance que des juges honorés du choix du Gouvernement.

L'exclusion donnée aux suppléans des juges du tribunal criminel pour exercer, en cette qualité, des fonctions de juges dans le tribunal spécial, ne peut empêcher d'avoir recours à eux comme gradués ou hommes de loi, lorsque ce dernier tribunal n'a pas le nombre de juges déterminé par la loi pour la validité des jugemens.

Je vais examiner la même question relativement au commissaire du Gouvernement près le tribunal criminel, appelé par l'article 3 de la loi discutée, à remplir les fonctions de son ministère près le tribunal spécial.

L'article 34 de la loi du 27 ventôse an 8, a composé le tribunal criminel d'un président, de deux juges et de deux suppléans.

L'article suivant a ajouté qu'il y auroit près de ce tribunal un commissaire, et a permis au Gouvernement de lui donner un substitut dans les villes où il le croiroit utile.

L'article 39 a ordonné, qu'en cas d'absence des commissaires du Gouvernement, il leur seroit fait une retenue proportionnelle au profit de leurs suppléans; d'où il suit que les commissaires qui n'ont pas de substituts doivent être remplacés, dans les tribunaux criminels, par les suppléans de ces tribunaux.

Ce n'est qu'à l'égard des tribunaux d'appel où il y a un nombre considérable de juges, que le commissaire du Gouvernement et ses substituts doivent être remplacés par le dernier nommé des juges : article 26.

La même règle n'ayant pas été prescrite pour les tribunaux criminels, on doit se conformer dans ces tribunaux à la disposition de l'article 12, suivant lequel les suppléans doivent remplacer momentanément les commissaires du Gouvernement, puisque l'article 39, en parlant des commissaires près les tribunaux criminels, a indirectement établi qu'ils seroient suppléés, en cas d'absence, par les suppléans.

Ainsi, en suivant l'ordre prescrit par la loi du 27 ventôse an 8, les commissaires qui ont des substituts, doivent être par eux remplacés dans les tribunaux criminels. Le remplacement des commissaires qui n'en ont pas, doit être fait par les suppléans. Ce n'est qu'en défaut des substituts, que les suppléans peuvent, dans le premier cas, être appelés au remplacement du commissaire.

L'établissement des substituts qui seront nommés par chaque arrondissement communal, en vertu de la loi du 7 pluviôse an 9, concernant la poursuite des délits dont la connoissance appartient aux tribunaux de police correctionnelle et aux tribunaux criminels, ne peut porter aucune atteinte à ces principes.

Il faut distinguer ces officiers de ceux qui, sous la même dénomination, remplacent dans certaines villes le commissaire, et remplissent, concurremment avec lui, dans les sections du tribunal criminel de la Seine, les mêmes fonctions.

Ceux-ci sont substituts du commissaire du Gouvernement, sous le double rapport des fonctions de commissaire et d'accusateur public, réunies par l'article 63 de la constitution.

Les autres substituts n'ont que des fonctions subordonnées à cette dernière qualité; ces fonctions ne peuvent être exercées que devant le directeur du jury, et, dans un seul cas, devant le tribunal d'arrondissement.

Il paroît que les règles établies, par les lois antérieures à la loi discutée, au sujet des commissaires près les tribunaux criminels, doivent

doivent être suivies dans le tribunal spécial.

Il y a, en effet, une grande différence entre les juges et le commissaire du tribunal criminel, relativement au tribunal spécial.

Les juges du tribunal criminel sont appelés individuellement, non pour former le tribunal spécial, mais seulement pour concourir à sa formation, qui reçoit son complément de l'intervention de plusieurs autres citoyens ayant des qualités différentes : ensorte que ces juges entrent personnellement et sans accessoires dans ce dernier tribunal.

Le commissaire du Gouvernement près le tribunal criminel, au contraire, est appelé à remplir seul, près du tribunal spécial, les fonctions de son ministère. La loi ne lui a pas donné de concurrent pour l'exercer. Ce ministère est entré tout entier dans le nouveau tribunal, et l'on ne peut en restreindre l'exercice à la seule personne du commissaire, dès que la loi lui a donné des substituts ou des suppléans pour le représenter, en cas d'absence ou de légitime empêchement.

Le commissaire du tribunal criminel doit donc, en cas de besoin, être remplacé, à raison des fonctions dont il est chargé près le tribunal spécial, soit par des substituts, s'il en a, soit par les suppléans des juges.

Les gradués, ou hommes de loi, ne peuvent être appelés en remplacement du commissaire, qu'en défaut des uns et des autres.

Dans le cas où le Gouvernement, jugeant nécessaire l'établissement d'un tribunal spécial dans le département de la Seine, useroit de la faculté qu'il a, en vertu de l'art. 4 de la loi discutée, de nommer un commissaire autre que celui du tribunal criminel, ce commissaire, absent ou légitimement empêché, devroit être remplacé par celui de ce dernier tribunal.

Les avoués établis près chaque tribunal criminel, par l'article 93 de la loi du 27 ventôse an 8, peuvent-ils exercer leur ministère près du tribunal spécial ? L'affirmative ne paroît susceptible d'aucun doute.

A la vérité, il n'est point parlé d'eux dans la loi discutée; l'article 28 a seulement fait mention du défenseur de l'accusé.

Mais les avoués ayant été nommés près

des tribunaux criminels, à une époque où ces tribunaux connoissoient de toutes les affaires criminelles, et ayant fourni un cautionnement pour exercer leurs fonctions, il s'ensuit que l'attribution de certains délits, faite à un tribunal spécial, postérieurement à leur institution, n'a pas dû restreindre à la poursuite des autres délits des fonctions qui n'avoient pas de bornes dans cette matière.

Cette opinion est encore fondée sur la nécessité reconnue par la loi du ministère des avoués dans les tribunaux criminels, et sur ce que la loi discutée n'en a pas affectés de particuliers au tribunal spécial.

Si le sentiment contraire pouvoit prévaloir, il en résulteroit que les avoués des tribunaux criminels des départemens où il n'auroit pas été établi de tribunal spécial, jouiroient en entier des fonctions à eux confiées; tandis que celles des avoués des autres départemens se trouveroient considérablement diminuées.

Les mêmes observations s'appliquent aux huissiers des tribunaux criminels.

CHAPITRE II.

De la compétence.

ART. VI.

Le tribunal spécial connoîtra des crimes et délits emportant peine afflictive ou infamante, commis par les vagabonds et gens sans aveu, et par les condamnés à peine afflictive, si lesdits crimes et délits ont été commis depuis l'évasion desdits condamnés, pendant la durée de la peine, et même avant leur réhabilitation civique.

On entendoit par vagabonds et gens sans aveu, dans l'ancien ordre judiciaire, suivant l'article 2 de la déclaration du 27 août 1701, et l'article 1er. de celle du 5 février 1731, ceux qui, n'ayant ni profession, ni métier, ni domicile certain, ni bien pour subsister, ne pouvoient être avoués, ni faire certifier de leurs bonnes vies et mœurs par personnes dignes de foi.

La nouvelle législation qui n'a rien changé à cette désignation, à l'égard des vagabonds, l'a modifiée, en ce qui concerne les gens sans aveu.

L'article 3 du titre 1er. de la loi du 19 juillet 1791, a ordonné que ceux qui, étant en état de travailler, n'auront ni moyens de subsistance, ni métier, ni répondans, seront inscrits dans les registres de la municipalité, avec la note de gens sans aveu.

Si les personnes désignées dans cet article ne sont pas en état de travailler, soit à cause de leur âge, soit à raison de leurs infirmités, elles ne peuvent être réputées sans aveu, et doivent recevoir l'asyle et les secours déterminés par les lois sur la mendicité. Mais la différence essentielle résultante de l'article 3 du titre 1er. de la loi du 19 juillet 1791, avec les articles cités des déclarations de 1701 et 1731, consiste en ce que la première de ces lois n'a pas exigé le défaut de domicile certain, pour déclarer que ceux qu'elle a mentionnés, sont gens sans aveu, tandis que cette circonstance étoit requise par les lois antérieures :

ensorte, qu'une personne résidente habituellement dans une commune, et qui y auroit son domicile, seroit réputée sans aveu et inscrite sous cette qualification dans les registres de la municipalité, si, étant en état de travailler, elle n'avoit ni moyens de subsistance, ni métier, ni répondans.

Si des vagabonds ou gens sans aveu commettent un délit quelconque, dans un département où un tribunal spécial sera établi, pourvu que ce délit emporte peine afflictive ou infamante, ils doivent être traduits devant ce tribunal, et par lui jugés.

A l'égard des condamnés, autres que les vagabonds et gens sans aveu, ils ne sont justiciables du tribunal spécial, que dans le cas de la réunion des trois circonstances suivantes.

La première, lorsque le jugement déjà rendu contr'eux a prononcé une condamnation à peine afflictive.

La seconde, quand le nouveau crime ou délit a été commis depuis l'évasion desdits condamnés, pendant la durée de la peine, et même avant leur réhabilitation civique.

La troisième, lorsque le nouveau crime ou délit mérite une peine afflictive ou infamante. L'article 6 de la loi discutée, en faisant mention des crimes et délits commis par des condamnés à peine afflictive, depuis leur évasion, s'est en effet référé à ce qu'il avoit déjà statué au sujet des crimes et délits emportant peine afflictive ou infamante, dont des vagabonds et gens sans aveu se seroient rendus coupables.

Ce que cet article a dit sur l'époque où le nouveau crime aura été effectué, s'applique à deux cas :

1°. A celui où le condamné l'auroit commis depuis l'évasion pendant la durée de la peine.

2°. A l'espèce où la peine ayant été subie, et où n'y ayant pas eu d'évasion, le condamné, mis en liberté, auroit commis un délit pouvant mériter peine afflictive ou infamante, avant sa réhabilitation civique, qui ne peut être demandée, suivant l'article 1er. du titre 7 de la première partie du code pénal du 25 septembre 1791, que dix ans après l'expiration des peines afflictives.

Si les condamnés désignés dans l'article 6 de la loi discutée, commettoient dans les prisons, pendant la durée de la peine, un crime ou délit emportant peine afflictive ou infamante, la connoissance en appartiendroit au tribunal criminel, puisque l'attribution donnée au tribunal spécial, n'a eu pour objet que les crimes commis depuis l'évasion ou avant la réhabilitation, et par conséquent hors des prisons.

Si des vagabonds, ou gens sans aveu, ou des condamnés à peine afflictive, se rendoient coupables d'un délit de police correctionnelle ou de simple police, le tribunal spécial n'en pourroit connoître à raison de leur qualité; il ne seroit compétent à leur égard, pour ces sortes de matières, que dans les cas où la loi lui en attribue la connoissance contre toute espèce de délinquans.

Les peines afflictives sont, aux termes de l'article 603 du code des délits et des peines du 3 brumaire an 4, la mort, la déportation, les fers, la réclusion dans les maisons de force, la gêne et la détention.

Les peines infamantes consistent à la

dégradation

dégradation civique ou au carcan : article 602 du même code.

L'article 6 de la loi discutée, en parlant vaguement des peines afflictives, n'a entendu comprendre, dans sa disposition, que la déportation, les fers, la réclusion dans les maisons de force, la gêne et la détention : car, si un condamné, par un jugement contradictoire, sur une procédure par jurés, à la peine de mort, s'étant évadé des prisons, avoit commis un autre crime, quand même il devroit donner lieu à la même peine, il ne pourroit y avoir d'instruction, ni de jugement pour le nouveau crime devant le tribunal spécial.

Dans le cas d'une condamnation par contumace à une peine afflictive, et d'un nouveau crime, pouvant mériter peine afflictive ou infamante, commis par un condamné, il ne pourroit être poursuivi devant le tribunal spécial, lors même qu'ayant été arrêté et constitué prisonnier depuis le jugement de contumace, il se seroit évadé et ensuite rendu coupable d'un crime de cette espèce.

Ce sentiment est fondé sur ce que le jugement rendu contre lui auroit été anéanti de plein droit par son arrestation et sa tradition dans les prisons, et sur ce que son évasion auroit seulement renouvelé son état de contumace ; de manière qu'il devroit être procédé contre lui, à raison des deux crimes, dans la forme ordinaire, conformément aux articles 233, 234 et 476 du code des délits et des peines.

Au surplus, l'article 6 de la loi discutée a renouvelé, sous le rapport des crimes et délits emportant peine afflictive ou infamante, les dispositions de l'article 12 de l'ordonnance de 1670, et des articles 1 et 2 de la déclaration de 1731, qui avoient attribué aux prévôts des maréchaux la connoissance en dernier ressort de tous crimes commis par vagabonds, gens sans aveu et sans domicile, ou qui auroient été condamnés à peine corporelle, bannissement ou amende honorable.

Cet article 6 a encore modifié les lois anciennes, en ce que la compétence du tribunal spécial n'est déterminée, à l'égard des condamnés à peine afflictive, que dans le cas où le nouveau crime aura été commis depuis leur évasion ; tandis que cette circonstance n'étoit pas requise par l'ordonnance de 1670, ni par la déclaration de 1731.

ART. VII.

Il connoîtra aussi du fait de vagabondage et de l'évasion des condamnés.

Cet article s'est conformé, par la première des dispositions qu'il contient, à l'article 1er. de la déclaration du 5 février 1731, portant injonction aux prévôts des maréchaux d'arrêter les vagabonds et gens sans aveu, encore qu'ils ne fussent prévenus d'aucun autre crime, et de leur faire le procès conformément aux ordonnances. Le même article avoit ajouté que les prévôts seroient tenus d'arrêter les mendians valides de la qualité ci-dessus, c'est-à-dire, vagabonds et gens sans aveu, pour procéder contr'eux suivant les édits et déclarations.

Les lois des 25 juillet 1700 et 27 août 1701 avoient prononcé contre les vagabonds qui ne se seroient pas retirés dans le lieu de leur naissance, pendant le délai qui avoit été fixé, savoir : pour la première fois, la peine du bannissement du ressort de la prévôté et vicomté de Paris et des autres justices où ils seroient saisis ; et pour la seconde fois, la peine des galères pour trois ans.

Les déclarations des 8 janvier et 12 mars 1719, avoient permis aux juges d'ordonner que les hommes seroient transportés dans les colonies pour y servir, comme engagés, au défrichement et à la culture des terres, dans les cas où les lois précédentes avoient prononcé contre les vagabonds la peine des galères.

L'ancien état de la législation fut rétabli par la déclaration du 5 juillet 1722, qui révoqua celles des 8 janvier et 12 mars 1719, et ordonna l'exécution des déclarations des 25 juillet 1700, et 27 août 1701, sans qu'il pût être permis, à l'avenir, aux juges d'ordonner que les vagabonds contrevenans à ces deux dernières déclarations, seroient transportés dans les colonies.

Mais les peines que les lois anciennes

avoient déterminées pour le fait de vagabondage, ont été abrogées, et les lois nouvelles n'ont rien prononcé à ce sujet. Le tribunal spécial, ni le tribunal criminel, ne peuvent donc procéder sur cette matière en vertu des lois existantes.

Les Législateurs avoient réuni dans un seul code, sous la date du 25 septembre 1791, les divers genres de délit emportant peine afflictive ou infamante, et les différentes peines que les tribunaux devoient infliger. Ils ont ensuite changé une partie de ce code par l'article 611 du code des délits et des peines, et ordonné que les deuxième et troisième sections du titre 1er. de la deuxième partie du code pénal seroient remplacées par les articles 612, 613 et suivans, jusques et compris l'article 640 du code des délits et des peines. Il ne peut donc exister d'autres crimes que ceux qui sont mentionnés dans le code pénal, ou qui ont été déterminés par les lois postérieures.

Cela résulte encore mieux des paragraphes 1 et 2 de l'appendice du code pénal.

Pour tout fait antérieur à la publication du présent code (est-il dit dans le premier paragraphe), si le fait est qualifié crime par les lois actuellement existantes, et qu'il ne le soit pas par le présent décret, ou si le fait est qualifié crime par le présent code, et qu'il ne le soit pas par les lois anciennes, l'accusé sera acquitté, sauf à être puni correctionnellement, s'il y échoit.

Il suit de cette disposition, que la qualification de crime donnée à un fait par les lois anciennes, n'est d'aucune considération, sous le rapport des peines afflictives ou infamantes, quand cette qualification n'a pas été maintenue par les lois nouvelles, lors même que le fait est antérieur à la publication du code pénal, et à plus forte raison lorsqu'il est postérieur.

Ce n'est qu'autant que le fait est qualifié crime par les lois anciennes et nouvelles, qu'on peut infliger les peines portées par le code pénal. Telle est la décision du paragraphe 2 de l'appendice cité.

D'ailleurs, l'article 35 du titre 1er. de la première partie de ce code, a abrogé toutes les peines alors usitées, autres que celles qu'il avoit prescrites, et par conséquent la peine du bannissement d'une partie du territoire français et celle des galères. Ainsi, quoique cette dernière peine ait été provisoirement rétablie, à la place de celle des fers, par la loi du 8 octobre 1792, cela ne peut s'entendre que sous le rapport des crimes auxquels le code pénal avoit appliqué la peine des fers, et non à l'égard du fait de vagabondage qui n'est pas mentionné dans ce code, qui ne pouvoit par lui-même emporter une semblable punition, et pour lequel les lois anciennes avoient prononcé la peine d'un bannissement ou des galères que le code pénal avoit abrogée.

L'application des deux premiers paragraphes, de l'appendice du code pénal, ne se fait du reste en entier au crime de vagabondage, établi par les anciennes ordonnances, que parce qu'elles n'avoient infligé aux vagabonds que des peines afflictives ou infamantes : car si ces ordonnances avoient déterminé des peines d'une autre nature que celles portées par le code pénal (des peines correctionnelles ou de simple police), il n'y auroit aucun doute que le tribunal spécial ne pût les prononcer par une conséquence nécessaire du premier paragraphe de l'appendice du code, que j'ai déjà rapporté, et du troisième, portant : que les dispositions du code pénal n'auront lieu que pour les crimes poursuivis par la voie des jurés.

Il paroît donc que le fait de vagabondage, indépendant de tout délit, ne peut être réputé crime, et qu'il n'est sujet à aucune punition ; parce que le code pénal ni les lois postérieures n'ont pas mis ce fait au rang des crimes, et parce que ce code a abrogé les peines qui étaient infligées par les anciennes ordonnances lorsqu'il ne les a pas maintenues.

Je ne connois, parmi les lois nouvelles, qu'une seule loi qui ait désigné les vagabonds, sans pouvoir cependant leur être appliquée. C'est celle du 24 vendémiaire an 2, qui a déterminé, par l'article 4 du titre 3, la forme de procéder et de juger au sujet des mendians qui ne peuvent justifier d'aucun domicile, et qui sont par conséquent dans la classe des vagabonds.

Cet article veut qu'ils soient arrêtés et

condamnés

condamnés à une détention d'un an, et que la peine soit double en cas de récidive.

Si un vagabond est convaincu d'avoir demandé de l'argent ou du pain dans les rues ou voies publiques, il doit être arrêté; la peine portée par l'article 4 doit lui être appliquée, et il ne peut lui en être infligée de plus grave, ni d'une autre espèce.

Dans le cas où un vagabond seroit saisi, sans qu'il y eût contre lui aucune preuve de mendicité, il ne pourroit être condamné à la peine prescrite par l'article cité, puisque cet article ayant eu pour objet un délit qui procède de la réunion de deux faits, de la mendicité et du vagabondage, il ne peut avoir son exécution lorsqu'il s'agit d'un vagabond qui n'a point mendié.

Ce n'est pas que le fait de vagabondage ne soit, aux yeux de la raison, plus digne de punition, que celui de la mendicité pratiquée par un individu qui n'a point de domicile, puisqu'on peut supposer, à l'égard de celui-ci, qu'il vit des aumônes qu'on lui fait sans commettre aucun vol; au lieu que le vagabond qui ne mendie pas ne peut subsister que du fruit du crime. C'est cette considération qui avait déterminé la rigueur des lois anciennes.

Mais la mendicité est par elle-même un délit, aux termes de l'article 1er. et des suivans du titre 2 de la loi citée; et lorsqu'elle punit le mendiant vagabond sous les deux qualités réunies, on ne peut étendre la disposition qu'elle renferme aux vagabonds qui ne sont pas convaincus du fait de mendicité : or, l'article 7 de la loi discutée n'ayant attribué au tribunal spécial, par sa première disposition, que le fait du vagabondage, il ne peut appliquer une loi qui a eu principalement pour objet un fait de mendicité non compris dans son attribution.

J'examinerai ici une question importante, quoiqu'elle soit étrangère au tribunal spécial, d'après l'opinion que je viens d'énoncer; parce que j'ai trouvé sur cette question des avis contraires à celui que je vais donner.

Le mot *détention* mentionné dans l'article 4 du titre 3 de la loi du 24 vendémiaire an 2, doit-il être pris dans son acception naturelle, et considéré sous le rapport d'une peine afflictive, ou dans la signification du mot *emprisonnement*, pour ne donner lieu qu'à une peine correctionnelle ?

Le doute est fondé sur l'article 2 du même titre qui, en prononçant pour l'espèce qu'il contient la peine d'un an de détention infligée par l'article 4, a déclaré qu'elle seroit appliquée par le juge de paix, conformément aux lois sur la police correctionnelle ; d'où il résulte qu'il ne s'agit pas dans l'article 2 d'une détention comme peine afflictive, qu'il y est question au contraire d'un emprisonnement mis au rang des peines correctionnelles, dont on prétend tirer, pour les délits mentionnés en l'article 4, la même induction.

Cette difficulté, qui se présente dans un grand nombre de lois, doit être toujours résolue par les circonstances qu'elles renferment.

Je pense, dans l'espèce de l'article 4 du titre 3 de la loi du 24 vendémiaire an 2, que cet article a entendu parler de la détention comme d'une peine afflictive. Je fonde mon sentiment sur trois divers moyens dont chacun, pris séparément, me paroît décisif.

1°. L'article cité a différens rapports; il fait concourir la mendicité pratiquée par un vagabond, avec le cas où des mendians (même domiciliés), marcheroient en troupes, porteurs d'armes offensives, munis de faux certificats ou de faux congés, à l'aide desquels ils déguiseroient leur nom, le lieu de leur naissance ou domicile, contreferoient des infirmités, seroient flétris, demanderoient avec menace ou insolence.

Or, peut-on se persuader qu'à raison de pareils délits, dont plusieurs sont compris dans le code pénal, les Législateurs aient voulu seulement infliger une peine correctionnelle?

2°. Soit qu'il s'agisse d'un premier délit, soit dans le cas de récidive, les peines prescrites par les articles 2 et 4 sont les mêmes, sauf que la publicité du jugement est ordonnée de plus dans l'espèce de l'article 2.

Eh bien! ce dernier article ayant pour objet un délit de mendicité dénué de toute circonstance, est-il présumable que le Législateur ait entendu punir, avec une égale sévérité, un semblable délit, et celui qui résulte d'une mendicité jointe aux faits les plus aggravans, et rendre encore la punition plus publique dans le premier cas que dans le second !

3°. Le Législateur, en prononçant, par l'article 2, la peine de la détention pendant un an, a eu soin de prévenir que cette peine étoit purement correctionnelle. N'eût-il pas donné la même explication dans l'article 4, s'il eût eu le même motif ? Son silence, dans ce dernier article, mis en opposition avec la déclaration faite par l'article 2, n'indique-t-il pas suffisamment qu'il a voulu déterminer, dans le cas de l'article 4, une peine afflictive ?

Au surplus, l'attribution du fait de vagabondage, donnée au tribunal spécial par l'article 7 de la loi discutée, ne peut concerner les gens sans aveu dont il est fait mention dans l'article 3 de la loi du 19 juillet 1791. Cet article ayant supposé qu'ils ont un domicile dans le canton ou dans la municipalité, cette circonstance est exclusive du fait de vagabondage.

Aussi l'article 7 de la loi discutée ne comprend que le fait de vagabondage dans sa disposition, quoique l'article 6 ait compris les vagabonds et gens sans aveu.

D'ailleurs, la qualité de gens sans aveu ne donne lieu qu'à la seule mesure de sûreté, prescrite par l'article 3 de la loi du 19 juillet 1791, suivant laquelle ils doivent être notés comme tels dans les registres de la municipalité.

Cette qualité ne peut déterminer par elle-même aucune peine; et ce n'est qu'autant que les gens sans aveu prennent part à une rixe, à un attroupement ou à un acte de voie de fait ou de violence, qu'ils sont soumis, tant à raison de leur qualité, que du délit, à un emprisonnement qui ne peut excéder trois mois; et, en cas de récidive, à une détention d'une année: article 4 du titre 1er.; article 28 du titre 2 de la même loi.

Le tribunal spécial ne peut connoître d'un tel délit, puisqu'il appartient à la police correctionnelle; mais il a la connoissance de la récidive, dès qu'elle est punie de peine afflictive, c'est-à-dire, de la détention pendant un an.

Il ne peut y avoir ici de doute sur le vrai sens du mot détention : car l'article 28 du titre 2 a parfaitement distingué l'emprisonnement pour le premier délit, de la détention pour le cas de récidive.

De plus, l'article 4 du titre 1er. ayant déclaré que les délits y énoncés seroient soumis, pour la première fois, aux peines de police correctionnelle, a, par-là, donné à entendre que le Législateur avoit dès-lors en vue de prononcer des peines au-dessus des correctionnelles, c'est-à-dire, des peines afflictives ou infamantes, pour le cas de récidive.

Mais ce n'est pas en vertu de l'article 7 de la loi discutée, que le tribunal spécial pourroit prendre connoissance de la récidive d'un délit commis par des gens sans aveu, dans l'une des espèces comprises dans les articles 4 du titre 1er. et 28 du titre 2 de la loi du 19 juillet 1791. Sa compétence seroit fondée sur l'article 6 de la loi discutée, qui l'autorise à prononcer sur les crimes et délits emportant peine afflictive ou infamante, lorsqu'ils ont été commis par des vagabonds et gens sans aveu.

A l'égard de l'évasion des condamnés, dont il est question dans la seconde partie de l'article 7, il faut distinguer l'évasion d'un condamné de celle d'un prévenu, pour en conclure que le tribunal spécial n'a, dans ce dernier cas, aucune attribution, et discuter les lois intervenues en cette matière, pour faire connoître les peines qu'il doit prononcer dans les cas de sa compétence.

La nouvelle législation, d'accord avec l'ancienne, n'a pas infligé de punition au condamné, non plus qu'au prévenu de crime, dans le cas de leur évasion par négligence ou par connivence.

Les anciens réglemens avoient prononcé des peines graves, même celle de mort, contre l'accusé qui avoit fait des effractions pour s'évader.

Les lois nouvelles ont indirectement excusé le prévenu, puisqu'elles n'ont infligé des

des peines qu'à ceux qui ont commis des violences pour l'enlever des prisons.

C'est dans le code pénal du 25 septembre 1791, et dans la loi du 4 vendémiaire an 4, qu'on trouve les divers genres de délits et les peines qui doivent être prononcées au sujet de l'évasion des détenus et des condamnés.

L'article 1er. de cette loi a déclaré les huissiers, gendarmes, gardiens, concierges, geoliers et tous autres préposés à la conduite ou à la garde des individus, mis en état d'arrestation, détenus ou condamnés, responsables de l'évasion desdits individus, soit qu'ils aient connivé, soit qu'ils n'aient été que négligens.

La même responsabilité a été étendue, par l'article 2, sur les citoyens composant la force armée servant d'escorte, ou garnissant les postes établis pour la garde des détenus.

L'article 3 a ordonné, qu'en cas d'évasion d'un ou de plusieurs individus arrêtés ou détenus, celui qui étoit chargé en chef de leur garde dans la maison d'arrêt, de justice, ou dans la prison, celui qui étoit chargé en chef de l'arrestation ou de la conduite, et le commandant de l'escorte ou du poste, s'il y en a un, seroient tenus d'en dresser procès-verbal, à peine d'une amende qui ne peut être moindre de 25 fr., ni excéder 150 fr., laquelle sera prononcée pour le simple défaut de procès-verbal, indépendamment des peines ci-après relatives à l'évasion.

Si l'un des fonctionnaires, mentionnés dans les articles précédens, omettoit de remplir cette formalité, dans le cas de l'évasion d'un condamné, qu'elle qu'en fût la cause, le tribunal spécial devroit prononcer contre lui l'amende infligée par l'art. 3: car ce tribunal ayant généralement la connoissance de l'évasion des condamnés, il doit statuer sur tout ce qui dépend du fait de l'évasion.

Tout geolier et gardien qui auroit volontairement fait évader, ou favorisé l'évasion des personnes légalement détenues, et dont la garde lui étoit confiée, encouroit la peine des fers pendant douze années : article 13 de la cinquième section du titre 1er. de la deuxième partie du code pénal.

Cette peine, réduite à un seul cas, par la loi du 4 vendémiaire an 6, a été modifiée à l'égard des autres circonstances du délit.

L'article 6 porte : que s'il y a lieu à accusation, et que le jury du jugement trouve que les accusés sont convaincus de négligence ou de connivence avec les détenus évadés, le tribunal criminel prononcera les peines suivantes :

Pour le cas de négligence, un emprisonnement de six mois, si le détenu évadé étoit inculpé d'un délit qui n'emportât pas peine afflictive ;

Un emprisonnement d'un an, dans le même cas, si le délit est susceptible de peine afflictive : article 7.

Si le détenu évadé étoit condamné aux fers ou à la mort, les personnes convaincues de négligence doivent subir un an de fers, dans le premier cas, et deux ans de fers dans le second : article 8.

Si elles sont convaincues de connivence, elles doivent être condamnées à deux années de fers, lorsque le délit imputé à l'évadé n'emporte pas peine afflictive; et dans le cas contraire, à quatre années de fers : article 9.

Si l'évasion par connivence est d'un condamné à mort, la peine est de douze années de fers ; elle est de six ans, si l'évadé n'étoit condamné qu'aux fers : article 10.

Si les évadés viennent à être repris dans les six mois de leur évasion, la durée de l'emprisonnement ou des fers, prononcée contre les préposés à leur garde, et autres responsables, est diminuée de moitié.

Cette disposition ne peut avoir lieu pour les cas de connivence : article 13.

Les personnes étrangères à la garde des détenus, qui seront convaincues d'avoir préparé ou aidé leur évasion, doivent être condamnées, pour ce seul fait, à deux mois d'emprisonnement, si le détenu évadé n'étoit point prévenu d'un délit emportant peine afflictive.

L'emprisonnement est de quatre mois si le délit imputé étoit punissable de peine afflictive.

Si l'évadé étoit condamné à la détention, aux fers ou à la mort, la peine est de deux ans de détention, sauf plus grande peine en cas de bris de prisons, force, violence et attroupement, lesquels doivent être réprimés par les peines déterminées par le code pénal.

La peine du bris de prisons contre les individus non détenus, est celle qui est prononcée par l'article 8, section 4 du titre 1er. de la deuxième partie du code pénal.

Ces différentes dispositions sont comprises dans l'article 14 de la loi du 4 vendémiaire an 6.

Il résulte de l'article 8, section 4 du titre 1er. de la deuxième partie du code pénal, que quiconque est convaincu d'avoir délivré ou tenté de délivrer, par force ou violence, des personnes légalement détenues, doit être puni de trois années de fers.

Cette peine n'est relative qu'au cas où le crime a été commis par un individu sans être accompagné de circonstances aggravantes; et quoique le paragraphe 4 de l'article 14 de la loi du 4 vendémiaire an 6 ait déclaré que la peine du bris de prisons seroit celle portée en l'article 8, section 4 du titre 1er. de la deuxième partie du code pénal, il n'a pas, pour cela, dérogé aux articles 9 et 10 de la même section qui, contenant des circonstances aggravantes, forment des délits beaucoup plus graves : car des peines établies par une loi ne peuvent être abolies que par une révocation expresse.

L'article 9 veut que, si le coupable du crime mentionné en l'article précédent, étoit porteur d'armes à feu, ou de toutes autres armes meurtrières, la peine soit de six ans de fers.

Lorsque les crimes mentionnés aux deux articles précédens, auront été commis par deux ou plusieurs personnes réunies, la durée de la peine doit être, suivant l'article 10, de six années de fers, si le crime a été commis sans armes, et de douze années, si les coupables du crime étoient porteurs d'armes à feu, ou de toutes autres armes meurtrières.

Toutes les lois et dispositions contraires à la loi du 4 vendémiaire an 6, ont été rapportées par l'article 17 de cette loi.

La compétence du tribunal spécial étant relative à l'évasion des condamnés, il est important d'observer que la loi citée n'a fait mention, dans les articles 8 et 10, et dans le paragraphe 3 de l'article 14, des peines qui doivent être prononcées contre les fonctionnaires préposés à la garde des détenus (lorsqu'il y a eu un jugement de condamnation), que dans les cas où les évadés ont été condamnés aux fers ou à la mort; et de celles à infliger aux personnes étrangères à cette garde, que dans le cas où l'évadé a été condamné auxdites peines ou à celle de la détention.

Les autres articles ont seulement énoncé les cas d'évasion d'un prévenu d'un délit pouvant mériter une peine afflictive, infamante, ou correctionnelle, d'où on pourroit conclure qu'il n'y auroit pas de peine à prononcer contre les fonctionnaires préposés à la garde, et les personnes étrangères à cette garde, à raison de l'évasion d'un condamné, lorsque la condamnation ne seroit, ni à la mort, ni aux fers, ni à la détention, quoiqu'ils fussent punissables, dans tous les cas, à l'égard de l'évasion d'un prévenu, quelle que fût la peine résultante du délit à lui imputé.

Je pense néanmoins que, quoique les articles 7, 9, et les deux premiers paragraphes de l'article 14, ayant seulement désigné les détenus évadés, inculpés d'un crime, leurs dispositions comprennent aussi ceux déjà condamnés à la peine résultante du même crime.

Celui qui aide ou favorise l'évasion d'un détenu condamné à une peine, est encore plus coupable que la personne qui commet un pareil délit en faveur de celui qui, étant prévenu d'un crime emportant la même peine, peut être acquitté.

On ne peut supposer que le Législateur ait entendu absoudre, dans certains cas, l'auteur de l'évasion, quand l'évadé étoit condamné, et le punir toujours lorsqu'il est encore douteux s'il a commis le crime.

Si les divers articles de la loi du 4 vendémiaire an 6, ont mentionné, tantôt l'inculpation de l'évadé, tantôt sa condamnation, ce n'a été que pour augmenter les peines contre les auteurs de l'évasion, lorsque le détenu évadé étoit condamné à la mort, aux fers ou à la détention :

Si l'évadé avoit subi une condamnation

à

à la mort ou aux fers, le coupable de négligence doit être puni, au premier cas, de deux années de fers, et dans le second, d'une année seulement : article 8.

Si, dans la même supposition, il y a eu connivence, la peine est de douze années de fers, au premier cas, et de six ans, dans le second : article 10.

La négligence n'emporte que l'emprisonnement d'un an, si l'évadé étoit condamné à une peine afflictive, autre que celle de la mort ou des fers : article 7.

La connivence n'est alors punie que de quatre années de fers : article 9.

Ces observations ne concernent que les personnes préposées à la garde des détenus; mais elles s'appliquent, tant au sujet des peines de mort et des fers, que de celle de la détention, aux personnes étrangères à cette garde, dont il s'agit dans l'article 14.

Ensorte que les différentes peines établies pour les cas de négligence ou de connivence, sont les mêmes, soit que l'évadé fût condamné à une peine, soit qu'il fût seulement prévenu d'un délit emportant la même peine, sauf lorsqu'il a été condamné à la mort, aux fers ou à la détention, ou lorsqu'il est seulement prévenu d'un crime susceptible de l'une de ces peines, la loi du 4 vendémiaire an 6 ayant alors distingué le genre de punition pour chacun de ces deux cas, et prononcé dans l'espèce de la condamnation des peines plus graves que dans celle de l'inculpation.

Cette opinion prend une nouvelle force dans l'article 5, portant que tout officier de police judiciaire, sur la connoissance qu'il aura, sur le bruit public, ou de quelque manière que ce soit, d'une évasion, fera saisir et arrêter ceux qui, en vertu des articles 1 et 2, doivent en répondre, qu'il les fera conduire devant le directeur du jury, s'il y en a sur les lieux, ou, à défaut, devant le juge de paix, et qu'il sera lancé un mandat d'arrêt contre les prévenus, soit qu'on ait pu les arrêter ou non.

On voit dans cet article, où le Législateur a posé les fondemens de la procédure, que la poursuite est ordonnée et doit être faite contre les auteurs d'une évasion, sans aucune restriction, tant lorsque l'évadé est déjà condamné, que lorsqu'il est seulement prévenu. Cette généralité est d'autant moins susceptible de doute, que les articles 1 et 2 ont rendu les fonctionnaires, préposés à la garde des détenus, responsables de l'évasion des individus mis en arrestation, détenus ou condamnés. C'est donc, sous ce double rapport, que les peines portées par les articles suivans doivent être prononcées dans les divers cas dont la loi fait mention, quoique le Législateur ait cru ne devoir pas répéter dans chaque article les deux cas de l'inculpation et de la condamnation, qu'il avoit déjà réunis dans les articles 1, 2 et 5.

L'opinion que j'ai énoncée est encore fondée sur la disposition de l'article 6 de la même loi, lequel a ordonné que le tribunal criminel prononceroit les peines portées par les articles suivans, contre les accusés convaincus de négligence ou de connivence avec les détenus. Cet article n'ayant point distingué l'évadé inculpé de l'évadé condamné, il s'ensuit qu'il est applicable, soit au cas d'inculpation, soit à celui d'une condamnation.

Ainsi, quand un condamné s'est évadé, le tribunal spécial doit connoître des délits qui ont causé l'évasion, soit qu'ils procèdent de négligence, de connivence, de violence, de bris de prisons et autres circonstances aggravantes, parce que tout est censé compris dans l'attribution qui lui a été donnée sans aucune exception, de l'évasion des condamnés, autrement cette attribution seroit illusoire, puisque les lois n'ont point prononcé de peine contre le prévenu ou le condamné qui s'évade des prisons ou échape à la surveillance de ses gardiens.

Si l'évasion, que ces délits avoient en vue, ne s'étoit pas ensuivie, la connoissance desdits délits devroit également appartenir au tribunal spécial : car les juges, compétens pour connoître d'un crime, ont la connoissance de la tentative de ce crime lorsqu'elle est accompagnée des circonstances requises par la loi du 22 prairial an 4, dont je rapporterai la disposition dans le chapitre suivant.

Mais la poursuite ne pourroit alors avoir lieu contre les coupables de négligence et de connivence, à l'égard desquels la loi du

4 vendémiaire an 6 a seulement prononcé des peines correctionnelles dans l'article 7 et dans les deux premiers paragraphes de l'article 14.

La loi du 22 prairial an 4 n'a du rapport qu'aux crimes mentionnés dans le code pénal, c'est-à-dire, aux crimes emportant des peines afflictives ou infamantes (comme on peut s'en convaincre dans le premier *considérant* de cette loi), à l'exception cependant des vols, quoiqu'ils ne soient sujets, dans certains cas, qu'à des peines correctionnelles.

En effet, la loi du 22 prairial an 4 ayant fait mention du vol indéfiniment, les Législateurs ont déclaré dans l'article 17 de la loi du 25 frimaire an 8, que la première de ces lois étoit applicable aux vols énoncés dans cette dernière loi, quoiqu'ils ne soient punissables que de peines correctionnelles, même à ceux détaillés dans l'article 32 de la loi du 19 juillet 1791, sur la police correctionnelle.

L'attribution donnée au tribunal spécial au sujet de l'évasion des condamnés, c'est-à-dire, à raison des délitscommis pour la favoriser ou l'effectuer, n'a rien de commun avec la reconnoissance de l'identité des individus condamnés, évadés, et qui ont été repris, et avec l'exécution des jugemens rendus contre eux, qui ne pourroient appartenir à ce tribunal qu'autant qu'il auroit rendu le jugement, puisque cette reconnoissance est attribuée par l'article 1er. de la loi du 22 frimaire an 8, suivant les formes prescrites par l'article 2, au tribunal qui a jugé l'individu condamné, évadé, et repris.

Quoique les observations que je m'étois proposé de faire, au sujet du chapitre 2, eussent dû être bornées à la compétence du tribunal spécial, j'ai cependant examiné les peines qui peuvent résulter du fait de vagabondage et de l'évasion des condamnés, parce que cet examen dépendoit tellement de l'attribution donnée à ce tribunal, sous ce rapport, que je n'aurois pu diviser ces deux objets, sans nuire à leur discussion.

Art. VIII.

Le tribunal connoîtra, contre toutes personnes, des vols sur les grandes routes, violences, voies de fait et autres circonstances aggravantes du délit.

Il faut d'abord examiner si le tribunal spécial peut connoître des violences et voies de fait, seulement comme circonstances des vols faits sur les grandes routes, ou si des violences et voies de fait, indépendantes de tout vol et de toute tentative de ce crime, seroient, par elles-mêmes, de la compétence de ce tribunal, pourvu qu'elles eussent été commises sur une grande route.

La première proposition me paroît plus conforme que la seconde, à la lettre et à l'esprit de la loi discutée.

Premièrement, l'article 8, en parlant des délits commis sur les grandes routes, n'a fait mention que des vols.

Le tribunal connoîtra, contre toutes personnes, des vols sur les grandes rou-

tes, et s'il ajoute après les termes : *violences*, *voies de fait*, il en parle, non comme des délits dépendans sans aucun concours de l'attribution qu'il contient, mais seulement comme des circonstances aggravantes du délit déjà énoncé : *et autres circonstances aggravantes du délit.*

Ces mots, *autres circonstances*, font assez comprendre que les Législateurs en avoient détaillé auparavant une ou plusieurs, et qu'elles consistent aux violences et voies de fait, puisque ces dernières expressions ont été employées dans l'article immédiatement avant celles-ci: *et autres circonstances aggravantes du délit.*

Secondement, on ne peut présumer que les Législateurs aient voulu attribuer, au tribunal spécial, la connoissance des violences et voies de fait commises sur les grandes routes, comme délits principaux, quand on sait que les violences et voies de fait sont seulement punies, sous certains rapports, des peines de simple police, lorsque des gens sans aveu, suspects ou mal intentionnés n'en ont pas été les auteurs, aux termes du paragraphe 8 de

l'article

l'article 605 du code des délits et des peines.

Troisièmement, l'assassinat prémédité, dont il s'agit dans l'article 10, qui a le caractère de la plus grande violence, et qui est puni de mort, n'étant pas compris dans l'attribution exclusive donnée par l'article 8 au tribunal spécial (puisque l'article 10 a établi la concurrence, entre ce tribunal et le tribunal ordinaire, au sujet de ce crime, sans distinguer le lieu où il aura été commis), comment pourroit-on prétendre que le Législateur eût entendu comprendre, dans la disposition générale de l'article 8, et sans aucune exception, des violences et voies de fait qui ne sont souvent punissables que des peines de simple police, comme je l'ai établi, ou des peines correctionnelles, ainsi qu'il résulte de l'article 16 de la loi du 19 juillet 1791?

Enfin, l'ordonnance de 1670, et la déclaration de 1731, avoient mis, au rang des cas prévôtaux, les vols sur les grands chemins, ce qui comprenoit indirectement les circonstances dont ils auroient été accompagnés, telles que les violences et voies de fait. Mais les délits résultans des violences et voies de fait indépendantes de tout vol, quoique commises sur les grands chemins, n'avoient pas été compris dans l'attribution des prévôts, et l'on ne peut présumer que la loi nouvelle ait entendu les mettre, sous ce rapport, au nombre des cas spéciaux, dès qu'elle ne l'a pas expressément ordonné.

L'article 8 de la loi discutée présente une autre question. Les vols y mentionnés donnent-ils lieu à la compétence du tribunal spécial, lors seulement qu'ils ont été commis par violence ou voie de fait contre les personnes, ou doivent-ils encore la déterminer quand ils ont été faits furtivement, à l'insu des personnes volées ?

Je pense que l'attribution donnée, au tribunal spécial, comprend tous vols commis sur des grandes routes, sans me dissimuler pourtant les motifs sur lesquels on peut fonder l'opinion contraire.

D'abord les larcins et les filouteries désignés par l'article 32 de la loi du 19 juillet 1791, n'ont pas la qualification de vols dont il est seulement question dans l'article 8 de la loi discutée.

Ensuite les mots : *violences , voies de fait et autres circonstances aggravantes du délit*, employés dans cet article, feroient présumer, en quelque sorte, qu'il n'a eu pour objet que les vols faits à force ouverte ou par violence, et qu'il a seulement renouvelé les dispositions de l'article 2, section 2 du titre 2 de la deuxième partie du code pénal, et des art. 1 et 2 de la loi du 29 nivôse an 6.

Mais la désignation de larcins et filouteries, donnée à certains faits par le code correctionnel, à cause de la manière dont ils sont commis, n'en a pas changé la nature. Ce sont toujours des vols ainsi que ceux mentionnés dans les lois citées, avec cette différence, que les uns sont faits par adresse, et les autres à force ouverte ou par violence.

L'article 8 de la loi discutée n'a pas fait mention des violences et voies de fait, comme circonstances nécessaires du vol, mais comme circonstances possibles, et dont le concours ne devoit porter aucune atteinte à la compétence du tribunal spécial.

Il y a une grande différence entre la teneur de cet article et les dispositions du code pénal et de la loi du 29 nivôse an 6, pendant qu'elle étoit en vigueur. Ici, il falloit que le vol eût été fait à force ouverte ou par violence : là, il suffit qu'un vol ait été commis, la circonstance de la force ouverte n'y est pas énoncée ; celle de la violence et voie de fait n'y est pas impérieusement exigée.

Les motifs des dispositions, tant de la loi nouvelle que des anciennes, au sujet des vols sur les grands chemins, se font aisément sentir.

Les Législateurs n'ont pas considéré le caractère du vol ; ils se sont déterminés par la seule circonstance du lieu où il a été commis. Ils ont voulu établir, dans les grandes routes, la sûreté des personnes et la garantie de la fortune publique et particulière. Leur dessein a été d'en éloigner toute sorte de voleurs, en leur inspirant, par l'appareil d'une prompte et rigoureuse justice, la terreur qu'ils inspirent eux-mêmes aux voyageurs par leurs brigandages.

Une disposition contraire eût produit une conséquence funeste, en attirant sur les grandes routes des brigands qui, n'ayant à craindre que la peine de quatre ou six années de détention ou de fers, suivant les différences marquées dans les articles 22, 23 et 24 de la deuxième section du titre 2 de la deuxième partie du code pénal, ou des peines correctionnelles, en vertu de l'article 32 de la loi du 19 juillet 1791, auroient commis d'abord des vols furtivement et sans violence.

Mais, comme la circonspection ne peut être durable chez des gens de cette espèce, quand ils n'auroient pu faire des vols par adresse sur les grandes routes, ils les auroient commis à force ouverte, et la modération dont on auroit usé à leur égard, n'auroit servi qu'à y perpétuer le brigandage.

L'article 33 de la loi du 19 juillet 1791 veut, que le vol de deniers ou d'effets mobiliers appartenans à l'Etat et dont la valeur sera au dessous de 10 liv., soit puni d'une amende double de la valeur et d'un emprisonnement d'une année, et que la peine soit double en cas de récidive.

Toute personne, autre que le dépositaire comptable, qui sera convaincue d'avoir volé des deniers publics, ou des effets mobiliers d'une valeur de 10 liv. ou au dessus, doit être punie, suivant l'article 6 de l'appendice à la 5e. section du titre 1er. de la 2e. partie du code pénal, de la peine de quatre années de fers, sans préjudice de peines plus graves portées ci-après au sujet des vols avec violence envers les personnes, effractions, escalades ou fausses clefs, si ledit vol est commis avec l'une desdites circonstances : dans ce cas les peines portées à raison desdits vols sont encourues, quelle que soit la valeur de l'objet volé.

Les articles que je viens de rapporter donnent lieu à examiner, si les modifications qu'ils renferment doivent être maintenues par le tribunal spécial, dans l'espèce d'un vol de la qualité ci-dessus et d'une valeur au dessous de 10 liv., fait furtivement sur une grande route.

Je pense que la loi nouvelle a entièrement abrogé, sous le rapport du tribunal criminel spécial, les loix qui punissent seulement d'une peine correctionnelle le vol de deniers ou d'effets mobiliers appartenans à l'Etat, lorsque la valeur est au dessous de

10 fr. : car l'article 29 de la loi discutée n'a point admis les distinctions faites par les lois citées, et il a prononcé la peine de mort d'une manière générale pour vols sur les grandes routes.

Au surplus, les mots *grandes routes*, employés dans l'article 8, renferment la même signification que ceux de grands chemins énoncés dans l'art. 12 du titre 1er. de l'ordonnance de 1670, et dans l'article 5 de la déclaration du 5 février 1731.

On entend par grands chemins ou grandes routes, ceux qui conduisent des villes capitales à d'autres grandes villes, et où il y a poste et messagerie : article 14 du mémoire imprimé par l'ordre du conseil le 13 juillet 1738.

Les rues des villes et fauxbourgs ne sont pas comprises, par rapport aux vols qui peuvent y être commis, sous le nom de grands chemins, dès que la loi nouvelle n'a pas abrogé l'exception faite par l'art. 5 de la déclaration de 1731.

Le tribunal spécial est, du reste, compétent par la nature du crime contre toutes personnes.

Les dispositions de la loi discutée sont générales, et n'admettent point d'exceptions à ce sujet; elles se concilient parfaitement avec le titre 6 de la constitution, et avec le principe établi dans l'article 16 du titre 2 de la loi du 24 août 1790.

Art. IX.

Il connoîtra aussi, contre toutes personnes, des vols dans les campagnes et dans les habitations et bâtimens de campagne, lorsqu'il y aura effraction faite aux murs de clôture, au toît des maisons, portes et fenêtres extérieures, ou lorsque le crime aura été commis avec port d'armes, et par une réunion de deux personnes au moins.

La disposition de cet article, en renouvelant celle de l'article 5 de la déclaration du 5 février 1731 qui exigeoit l'une de ces deux circonstances pour rendre prévôtal le vol avec effraction, a étendu l'exception faite par l'article 6 de cette déclaration.

Les prévôts pouvoient connoître, suivant

vant cet article, des délits prévôtaux par la nature du crime, à l'exception seulement de ceux qui avoient été commis dans les villes et fauxbourgs du lieu dans lequel le prévôt ou son lieutenant faisoit sa résidence.

L'article 9 de la loi discutée a excepté, de l'attribution donnée au tribunal spécial, les vols faits dans les villes, quoiqu'ils soient accompagnés de l'une ou l'autre des deux circonstances ci-dessus mentionnées, même de toutes les deux, puisque cette attribution n'a eu pour objet que les campagnes, et les habitations et bâtimens de campagne.

Cette exception aura été déterminée par la plus grande facilité d'effectuer ce crime dans les campagnes, habitations et bâtimens de campagne, que dans les villes, où la police et la force publique concourent pour l'empêcher et pour arrêter ceux qui le commettroient ou tenteroient de le commettre.

On doit au surplus comprendre les fauxbourgs dans l'exception, indirectement faite par l'article 9, à l'égard des villes, nonobstant l'avis de Bornier sur l'ordonnance de 1670, les fauxbourgs étant, dans nos usages, les accessoires des villes, et soumis aux mêmes réglemens et aux mêmes formes d'administration que les villes dont ils dépendent.

J'observe, pour ne laisser aucun doute sur le vrai sens de l'article 9, que ces termes, *dans les campagnes*, qui peuvent être pris en différens sens, y sont employés par opposition aux villes : ensorte qu'ils signifient ici les bourgs, villages et autres communes qui n'ont pas la désignation de villes, comme dans plusieurs lois intervenues sur d'autres matières, par exemple dans l'article 1er. du titre 10 de la loi du 26 octobre 1790, sur les justices de paix.

L'établissement de ces justices, fait dans les villes et dans les campagnes, en exécution de la loi du 24 août 1790, peut servir de base pour fixer à cet égard la compétence du tribunal spécial.

Quant au mot, *habitations*, qu'on trouve aussi dans l'article 9 de la loi discutée, il faut remarquer que l'article 3 de la loi du 29 nivôse an 6, a eu pour objet les vols avec effraction faits dans les maisons habitées, ce qui comprend les maisons des villes et des campagnes. Mais l'article 9 de la loi discutée ayant borné l'attribution donnée au tribunal spécial, aux vols faits dans les campagnes et dans les habitations et bâtimens de campagne, a donné à entendre que le mot, *habitations*, ne pouvoit s'appliquer qu'aux habitations de campagne, qui, ne faisant partie des bourgs, ni des villages, se trouvent isolées; ainsi la compétence de ce tribunal seroit également incontestable, soit que la maison ou le bâtiment fût habité ou ne le fût pas, si le vol avoit été fait dans les campagnes (c'est-à-dire, dans les bourgs et villages), ou dans les habitations et bâtimens de campagne, (par où la loi a voulu désigner les maisons, fermes, manufactures, moulins, granges, bergeries et magasins isolés), et pour tout dire, enfin, pourvu qu'il eût été commis, ailleurs que dans les villes, avec les circonstances, ou l'une des circonstances dont l'article 9 a fait mention.

La première dépend d'un seul fait : il consiste à l'effraction faite aux murs de clôture, au toît des maisons, portes et fenêtres extérieures.

La seconde comprend deux faits : la loi a exigé la réunion de deux personnes au moins et du port d'armes.

ART. X.

Il connoîtra de même contre toutes personnes, mais concurremment avec le tribunal ordinaire, des assassinats prémédités.

Le rapport sous lequel j'ai considéré la disposition de cet article, exige une observation préliminaire.

Je ne crois pas que la compétence qu'il a établie, en faveur du tribunal spécial, pour l'assassinat prémédité, doive dépendre, ni des motifs des assassins, ni des qualités de l'auteur du crime, et de celui qui en a été l'objet.

Je ne crois pas non plus, que la concurrence accordée au tribunal criminel, doive être bornée au seul cas où la préméditation d'un homicide seroit établie lors des débats devant ce tribunal.

En effet, 1°. l'article 10 a étendu sa disposition à toutes personnes qui seroient accusées de ce délit.

2°. La compétence du tribunal criminel, au sujet de ce crime, a été maintenue contre toutes personnes, par une suite nécessaire de cette disposition.

3°. Cet article a formellement déclaré que la compétence de l'un et de l'autre tribunal auroit pour base leur concurrence, et, par conséquent, la diligence que chacun d'eux mettroit dans les poursuites : ensorte que cette compétence a, pour ainsi dire, été mise au concours.

4°. Le sens du mot, *concurremment*, employé dans l'article 10, y est le même que celui du mot, *concurrence*, qu'on trouve dans l'article 8 de la déclaration de 1731, et dans les articles 76, 77, 78 et 79 du code des délits et des peines, où il reçut la même explication que je viens de donner, et à laquelle je vais ajouter les développemens dont elle me paroît susceptible.

L'article 10 de la loi discutée a fait

revivre l'attribution que l'article 12 du titre 1er. de l'ordonnance de 1670 avoit donnée aux prévôts, au sujet de l'assassinat prémédité, et que la déclaration du 5 février 1731 avoit abrogée, soit en n'en faisant pas mention dans les articles 1, 2, 3, 4 et 5, soit en déclarant, à la fin de ce dernier article qu'aucuns crimes, autres que ceux de la qualité marquée dans cet article et les précédens, ne pourroient être réputés cas prévôtaux par leur nature.

En quelque lieu qu'ait été commis un assassinat prémédité, dans un département où il y aura un tribunal spécial, ce tribunal pourra donc en connoître concurremment avec le tribunal criminel.

Mais quelle est la règle qui doit déterminer la préférence dans le concours ? il faut l'établir d'après les lois antérieures à la loi discutée, dès que cette loi ne l'a pas prescrite.

L'article 15 du titre 1er. de l'ordonnance de 1670 avoit attribué, aux juges présidiaux, la connoissance en dernier ressort des crimes prévôtaux, soit par la qualité des personnes, soit par celle du délit, préférablement aux prévôts des maréchaux, si les juges présidiaux avoient décrété avant eux, ou le même jour : ensorte qu'il y avoit concurrence, entre les juges de ces deux jurisdictions, pour toutes sortes de cas.

La déclaration du 29 mai 1702 avoit restreint aux seuls crimes commis dans l'étendue des bailliages et sénéchaussées où les siéges présidiaux étoient établis, le pouvoir accordé à ces derniers juges par l'article 15 du titre 1er. de l'ordonnance de 1670, et avoit accordé la même attribution aux officiers des bailliages et sénéchaussées, où il n'y avoit pas de présidial, mais à charge d'appel aux cours supérieures.

Cette concurrence avoit été maintenue, par l'article 7 de la déclaration du 5 février 1731, pour tous les cas prévôtaux qu'elle avoit laissé subsister.

L'article cité avoit seulement excepté, en faveur de la jurisdiction prévôtale, ce qui concernoit les déserteurs, subornateurs et fauteurs desdits déserteurs, que la loi discutée n'a compris dans sa disposition, par l'article 11, que sous le rapport des machinations pratiquées hors l'armée, par des individus non militaires, pour corrompre ou suborner les gens de guerre, les réquisitionnaires et conscrits, et qui sont, pour le surplus, justiciables des conseils de guerre.

L'article 9 de la déclarationde 1731 avoit ajouté : qu'en cas de concurrence de procédures, les présidiaux, même les baillis et sénéchaux, auroient la préférence sur les prévôts, s'ils avoient informé et décrété avant eux, ou le même jour.

Cette règle a été confirmée par les articles 76, 77, 78 et 79 du code des délits et des peines, au sujet de la concurrence entre le juge de paix du lieu du délit et celui de la résidence de l'accusé, et entre le juge de paix de la résidence habituelle de l'accusé et celui de la résidence momentanée.

Pour appliquer ces principes à l'espèce de l'article 10 de la loi discutée, il faut considérer le tribunal spécial, sous le rapport de la jurisdiction prévôtale, et le tribunal criminel, sous le double rapport, soit des juges présidiaux, lorsque le crime avoit eu lieu dans les sénéchaussées ou bailliages où le le siége présidial étoit établi, soit des officiers des sénéchaussées ou bailliages, où il n'y avoit pas de siége présidial, quand le crime avoit été commis dans l'étendue de leur jurisdiction.

La comparaison ne peut être plus exacte, quant aux sénéchaussées ou bailliages, puisqu'ils formoient dans l'ancien régime la jurisdiction ordinaire pour la poursuite et la punition des crimes; tandis que la jurisdiction prévôtale étoit, pour certains cas, un tribunal d'exception.

Par conséquent, si le directeur du jury, après avoir entendu les témoins, en vertu de l'article 9 de la loi du 7 pluviôse an 9, portant création d'un substitut du commissaire du tribunal criminel par chaque arrondissement communal, a décerné le mandat d'arrêt, en exécution de l'article 15, les deux circonstances exigées par l'art. 9 de la déclaration de 1731, se trouveront réunies, puisqu'il aura informé et décrété, et le tribunal criminel devra connoître de l'assassinat prémédité quand il n'aura pas été prévenu par le tribunal spécial.

Lorsqu'un officier de police judiciaire

aura entendu les témoins, en conséquence de l'article 97 et de l'article 111 et des suivans du code des délits et des peines, et décerné le mandat d'arrêt pour un délit spécial, dans les cas prévus par l'article 68, avant que le directeur du jury ait délivré son mandat d'arrêt, ne fut-ce qu'un seul jour auparavant, le tribunal spécial devra prononcer sur le délit.

Il devroit également en connoître quand même le mandat d'arrêt n'auroit pas été précédé de l'audition des témoins.

Le décret étoit, suivant les lois anciennes, la cause déterminante de la préférence, quoiqu'elles exigeassent encore les informations. On voit dans l'article 5 du titre 25 de l'ordonnance de 1670, que les procès criminels peuvent être instruits et jugés, malgré qu'il n'y ait pas d'information, s'il y a d'ailleurs preuve suffisante, par les interrogatoires et par pièces authentiques ou reconnues par l'accusé, et par les autres présomptions et circonstances du procès.

Cette observation est commune au tribunal ordinaire.

J'établirai dans l'examen de l'article 17 de la loi discutée que l'officier de police judiciaire peut décerner le mandat d'arrêt pour des crimes spéciaux, quoiqu'il ait été seulement autorisé par cette loi à délivrer le mandat d'amener, et quoiqu'aux termes de la loi du 7 pluviôse an 9, il ne puisse décerner qu'un mandat de dépôt pour les délits dont la connoissance appartient aux tribunaux ordinaires.

La préférence entre les deux tribunaux, dans les cas de concurrence, sera donc obtenue par celui qui aura mis plus d'activité dans les poursuites; elle ne pourra jamais dépendre de la volonté de l'officier qui exercera dans les deux tribunaux la qualité de commissaire du Gouvernement; elle sera toujours déterminée par la plus grande diligence que les officiers subordonnés à l'un ou l'autre tribunal auront faite pour parvenir au mandat d'arrêt.

Il est facile maintenant de connoître le motif de la concurrence accordée au tribunal spécial et au tribunal ordinaire, au sujet de l'assassinat prémédité; c'est afin qu'un crime si atroce ne puisse jamais demeurer impuni ; que les Législateurs ont établi une double surveillance autour de ceux qui pourroient s'en rendre coupables.

Quoique l'article 77 du code des délits et des peines ait accordé la préférence pour l'instruction à celui des deux juges de paix désignés dans l'article 76 qui aura le premier délivré le mandat d'amener, cette disposition n'a pas cependant dérogé à celle de l'article 9 de la déclaration de 1731.

Il s'agit, dans la première espèce, d'une instruction préparatoire qui se termine au mandat d'arrêt; la prévention a donc dû être déterminée par un acte précédent, c'est-à-dire, par le mandat d'amener.

Il est question au contraire, dans l'espèce que je discute, de la prévention du tribunal ordinaire ou du tribunal d'exception qui doit prononcer sur l'accusation. Cette prévention doit alors dépendre de l'acte qui représente le décret de l'ancien régime, c'est-à-dire, du mandat d'arrêt par lequel le prévenu est mis en jugement, tandis que le mandat d'amener, qui peut être révoqué par l'officier qui l'a délivré, ne produit l'effet d'une prise de corps que lorsque le mandat d'arrêt s'en est ensuivi.

Quoique les lois anciennes eussent admis la concurrence entre les tribunaux, pour tous les cas prévôtaux, quoique l'article 11 de la loi discutée n'ait donné formellement au tribunal spécial une attribution exclusive que pour les délits mentionnés dans cet article, il paroît cependant qu'il n'y a de concurrence entre ce tribunal et le tribunal criminel que pour un seul délit, celui de l'assassinat prémédité.

Cela résulte de l'article 10 qui, ayant expressément autorisé la concurrence pour ce seul crime, a par-là bien décidé que toutes les attributions données au tribunal spécial, pour les autres délits, étoient exclusives; et si l'article 11 a déclaré qu'il connoîtroit, exclusivement à tous autres juges, des délits y énoncés, c'est à cause de la concurrence établie par l'article 10, et pour qu'on ne pût abuser de sa disposition, en prétendant que cette règle devoit s'étendre aux articles suivans.

La première partie de l'article 30 fournit la même induction. Il y est dit : qu'à compter du jour de la publication de la loi, tous les détenus pour crimes de la nature de ceux mentionnés dans le titre 2, seront jugés par le tribunal spécial ; il est enjoint, en conséquence, à tous juges de les y envoyer avec les pièces, actes et procédures déjà commencés.

Or, le renvoi n'auroit pu être ordonné, s'il y avoit eu concurrence entre le tribunal spécial et les tribunaux ordinaires, pour les délits autres que ceux compris dans l'attribution exclusive donnée par l'article 11, et puisque le Législateur a renvoyé, sans aucune restriction, au tribunal spécial, les procès pendans devant tous autres juges, à raison des délits énoncés dans le titre 2, il s'ensuit qu'il ne peut y avoir de concurrence, entre ce dernier tribunal et le tribunal criminel, que dans le cas de l'article 10 où elle est prescrite par la loi, et dans le cas de l'article 13 où elle l'a supposée.

Je ne pense pas, néanmoins, que l'article 30 ait entendu dépouiller les tribunaux criminels de la connoissance des assassinats prémédités, à raison desquels le directeur du jury auroit décerné un mandat d'arrêt, lors de la publication de la loi discutée, quoique le renvoi prescrit par l'article 30 paroisse avoir eu pour objet tous les délits mentionnés dans le titre 2.

En effet, la concurrence ayant été formellement établie par l'article 10, au sujet de ce crime, il semble que le tribunal criminel, qui a une compétence égale à celle du tribunal spécial, ayant informé et décrété avant que la loi fût publiée, ne peut être privé du procès, et que la disposition de l'article 30 n'est relative qu'aux délits attribués, sans concurrence, à ce dernier tribunal.

Il est vrai que dans l'espèce de cet article, le tribunal spécial qui n'existoit pas, quand le crime a été commis, n'a pu faire les procédures nécessaires pour déterminer la préférence en sa faveur. Mais si on dépouilloit le tribunal criminel déjà saisi de la connoissance de ce crime, il n'auroit aucun moyen de pouvoir en connoître par l'effet de la prévention.

Art. XI.

Il connoîtra également contre toutes personnes, mais exclusivement à tous autres juges, du crime d'incendie et de fausse monnoie, des assassinats preparés par des attroupemens armés, des menaces, excès et voies de fait exercés contre des acquéreurs de biens nationaux, à raison de leurs acquisitions, du crime d'embauchage et de machinations pratiquées hors l'armée et par des individus non militaires, pour corrompre ou suborner les gens de guerre, les réquisitionnaires et conscrits.

Les dispositions de cet article exigent plusieurs observations.

1°. Le crime d'incendie n'avoit pas été mis dans le nombre des cas prévôtaux, ni par l'ordonnance de 1670, ni par la déclaration de 1731.

2°. Le crime de fausse monnoie n'étoit pas prévôtal, suivant l'ordonnance de 1670; mais

mais il reçut cette qualification de l'article 5 de la déclaration de 1731.

3°. L'une et l'autre de ces lois avoient mis au rang des cas prévôtaux les attroupemens ou assemblées illicites, avec port d'armes, séditions et émotions populaires.

L'article 11 de la loi discutée a borné la compétence du tribunal spécial, à cet égard, au seul cas des assassinats préparés par des attroupemens armés : c'est-à-dire, que s'il n'en est pas résulté un assassinat ou une tentative de ce crime, la connoissance du délit appartient au tribunal criminel.

4°. Les menaces, excès et voies de fait exercés contre des acquéreurs de biens nationaux, à raison de leurs acquisitions, étant compris dans l'attribution donnée au tribunal spécial, il doit connoître, exclusivement, de tous délits commis contre les personnes de la qualité ci-dessus, pourvu qu'il soit prouvé qu'ils ont eu pour motif des acquisitions de biens nationaux, à l'exception de l'assassinat prémédité, parce que la concurrence est expressément établie, par l'article 10, entre ce tribunal et le tribunal criminel, au sujet de cette espèce de délit, sans aucune exception.

5°. Les crimes d'embauchage et de machinations pratiquées hors l'armée, et par des individus non militaires, pour corrompre ou suborner les gens de guerre, les réquisitionnaires et conscrits, sont indépendans du crime dont se rendent coupables les déserteurs d'armée et ceux qui les ont subornés, ou qui ont favorisé leur désertion, lesquels sont toujours justiciables des conseils de guerre.

L'article 11 de la loi discutée, en parlant du crime d'embauchage et de machinations, a eu pour objet deux délits différens. Les machinations étant l'une des deux conditions requises pour former le crime d'embauchage, les Législateurs, après avoir compris ce crime dans l'attribution du tribunal spécial, n'auroient rien ajouté s'ils eussent entendu borner cette attribution au seul crime d'embauchage, et ne pas y comprendre le délit de machinations commis par ceux qui, sans être embaucheurs, engageroient cependant les défenseurs de la patrie à quitter leurs drapeaux.

Cette distinction sera mieux sentie dans le chapitre 3, où j'examinerai quelles sont les peines infligées par les lois pour l'un et l'autre délit.

ART. XII.

Il connoîtra des rassemblemens séditieux contre les personnes surprises en flagrant délit dans lesdits rassemblemens.

Les rassemblemens séditieux étoient des cas prévôtaux, suivant l'article 12 du titre 1er. de l'ordonnance de 1670, et l'art. 5 de la déclaration de 1731. Cependant l'article 12 de la loi discutée n'a attribué au tribunal spécial, la connoissance de ce crime, qu'à l'égard des personnes surprises en flagrant délit : c'est donc au tribunal criminel à poursuivre et à punir ceux qui, faisant partie de ces rassemblemens, n'auroient pas été pris en flagra délit.

Art. XIII.

Si, après le procès commencé pour un des crimes ci-dessus mentionnés, l'accusé est inculpé sur d'autres faits, le tribunal spécial instruira et jugera, quelle que soit la nature de ces faits.

Je pense que ces mots, *sur d'autres faits*, n'ont pas été mis par opposition à ceux-ci, *des crimes ci-dessus mentionnés*; mais qu'ils se rapportent au fait pour lequel le procès aura été commencé devant le tribunal spécial : j'en tire la conséquence que l'article 13, en parlant d'autres faits, a désigné, non-seulement tous délits ordinaires, mais encore tous crimes spéciaux autres que celui pour lequel l'instruction aura été commencée.

L'instruction et le jugement appartenant incontestablement à ce tribunal, quand les nouveaux faits sont de sa compétence, il s'ensuit qu'il doit connoître aussi des délits ordinaires, puisque cet article comprend, sans aucune exception, tous les faits dont l'inculpation est postérieure aux poursuites intentées pour un des crimes spéciaux, *quelle que soit la nature de ces faits*, quelle qu'en soit l'espèce.

Si les termes, *sur d'autres faits*, n'avoient eu pour objet que des délits ordinaires, les Législateurs l'auroient formellement annoncé; ils n'auroient pas autorisé le tribunal spécial à instruire et à juger, quelle que fût la nature des nouveaux faits, en désignant par-là toute sorte de délits.

Dans la même supposition, les Législateurs, après avoir énoncé les crimes dont il s'agit dans les précédens articles, auroient mentionné le cas d'une inculpation sur d'autres crimes : s'ils ont employé une expression différente de celle de crimes, c'est parce que tous délits spéciaux et ordinaires sont compris dans la désignation d'*autres faits*, qu'on trouve dans l'article discuté.

La question seroit décidée, si j'avois saisi l'esprit de cet article; mais il peut recevoir une explication différente, et je vais l'examiner sous ce nouveau rapport.

Je suppose que l'article 13 ait entendu comprendre seulement les délits ordinaires ou communs dans l'inculpation sur d'autres faits, il en résultera toujours que ces délits et le crime spécial sont réunis dans l'espèce qu'il renferme. Or, cet article a autorisé le tribunal spécial, par une disposition générale, et sans excepter les délits ordinaires, à instruire et à juger. Cette faculté embrasse par conséquent les divers genres de délits dont il a fait mention, les crimes spéciaux et les délits ordinaires.

Si les Législateurs eussent eu en vue de borner la compétence du tribunal d'exception au seul crime spécial, à raison duquel il auroit commencé la poursuite, ils auroient ordonné que ce tribunal instruiroit et jugeroit nonobstant les autres faits. En l'autorisant à instruire et à juger, quelle que soit la nature des nouveaux faits, ils ont donné à entendre qu'il devoit prononcer sur le crime spécial et sur l'inculpation des autres faits.

D'ailleurs, si les Législateurs n'avoient voulu attribuer, par l'article 13, au tribunal d'exception, que la connoissance du délit de son attribution, pour lequel le procès seroit commencé, ils auroient dit que ce tribunal continueroit l'instruction, au lieu de le charger de faire l'instruction, au lieu de désigner par-là les délits à raison desquels il n'auroit pas encore été fait de poursuite.

J'établirai dans la discussion de l'article suivant, qu'il en résulte une nouvelle preuve en faveur de l'opinion que je viens d'énoncer.

L'article 13 contient à-peu-près les mêmes termes, et il me semble qu'il doit produire le même effet que l'article 23 de l'ordonnance de 1670 produisit jusqu'à l'époque de la déclaration de 1731.

Cet article avoit ordonné, que si, après le procès commencé pour un crime prévôtal, il survenoit de nouvelles accusations dont il n'y eût pas de plainte en justice pour crimes non prévôtaux, elles seroient instruites conjointement, et jugées prévôtalement.

Il étoit alors évident, que le tribunal d'exception devoit prononcer en dernier ressort sur le délit prévôtal et le délit commun. Il résultoit de l'article cité, que les tribunaux ordinaires étoient en droit de connoître des deux délits quand ils avoient prévenu les prévôts des maréchaux et les juges présidiaux. Les criminalistes avoient adopté cette conséquence, qui fut confirmée par l'article 17 de la déclaration de 1731.

Cet article et le suivant admirent la concurrence et la prévention, entre le tribunal ordinaire et le tribunal d'exception, à raison des délits qui leur avoient été respectivement attribués. L'article 19 ordonna que ce dernier tribunal seroit tenu de marquer, dans les jugemens qu'il rendroit, les cas dont l'accusé seroit atteint et convaincu; au moyen de quoi les jugemens étoient exécutés en dernier ressort s'il étoit atteint et convaincu d'un crime prévôtal : dans le cas contraire, ils étoient rendus à charge d'appel.

Tel étoit l'état de la législation avant la révolution, et je dois faire remarquer qu'il étoit exactement conforme au sentiment que j'ai énoncé. Mais les articles cités de l'ordonnance de 1670 et de la déclaration de 1731, furent rapportés par les lois nouvelles. L'établissement d'une seule juris-

diction,

diction, en matière criminelle, rendit inutile l'article 19 de cette déclaration, qui avoit eu pour objet d'éviter qu'un accusé de délits prévôtaux et ordinaires ne pût être jugé en dernier ressort par le tribunal d'exception, à raison des délits communs, quand il étoit acquitté pour les crimes prévôtaux.

Dès-lors, le motif que le Législateur avoit eu cessa d'exister, puisque l'accusé ne pouvoit jamais appeler du jugement de condamnation, quel que fût le tribunal qui l'avoit rendu.

D'autre part, l'article 7 du titre 1er de la loi du 19 octobre 1791, abrogea la concurrence et la prévention établies par les lois anciennes entre le tribunal d'exception et le tribunal ordinaire : il ordonna que, si pour raison des deux faits, la même personne étoit, dans le mêms tems, prévenue d'un délit commun et d'un délit militaire, la poursuite en seroit portée devant les juges ordinaires.

On doit entendre, suivant l'article 3, par délit commun, tout délit qui n'est pas de la compétence du tribunal d'exception, et dont la connoissance appartient aux juges ordinaires.

Ainsi, la loi du 19 octobre 1791 ne laissa point au tribunal militaire la faculté de connoître du délit de sa compétence; la connoissance du délit commun ne fut pas seule attribuée au tribunal ordinaire. Il fut ordonné que les deux délits seroient réunis dans la même procédure : ce dernier tribunal devoit y prononcer.

Mais l'article 13 de la loi discutée a rapporté le principe établi par l'article 7 de celle du 19 octobre 1791, et admis la concurrence et la prévention entre le tribunal spécial et le tribunal ordinaire : il y auroit, en effet, concurrence et prévention, sous un certain rapport, quand même on supposeroit que l'article 13 de la loi discutée auroit divisé dans l'espèce qu'il contient, la poursuite et le jugement des deux délits, de manière que le tribunal d'exception prononceroit sur le délit spécial, tandis que le tribunal ordinaire connoîtroit du délit commun.

Cependant l'article 19 de la déclaration de 1731, étant sans effet, et la règle prescrite par l'article 7 de la loi du 19 octobre

1791 ayant été rapportée, relativement au tribunal spécial, c'est par les dispositions des articles 23 du titre 2 de l'ordonnance de 1670, et des articles 17 et 18 de la déclaration de 1731, que la question doit être décidée, dès que l'article 13 de la loi discutée ne les a pas abrogées : des lois existantes ne peuvent cesser d'avoir leur exécution que par une révocation expresse.

Mon opinion est parfaitement d'accord avec les maximes de l'ordre judiciaire. Un accusé de plusieurs délits ne doit éprouver différentes procédures et divers jugemens, que dans l'espèce où un ou plusieurs délits n'auroient été connus que lors des débats élevés sur un autre crime, pour lequel le prévenu auroit été condamné à une moindre peine que celle dont les nouveaux faits seroient susceptibles ; et dans le cas extraordinaire de l'article 14 où les Législateurs ont prescrit une règle particulière fondée sur ce que les commissions militaires, établies pour juger les prévenus d'émigration, sont, comme les juges spéciaux, des tribunaux d'exception, sur la nature de la peine, la célérité de la procédure et de l'exécution des jugemens, et sur les autres motifs que j'exposerai dans l'examen de cet article.

Ces cas exceptés, tous délits sur lesquels un accusé est en même tems inculpé, doivent être compris dans un seul procès, pour éviter le dépérissement des preuves à charge ou à décharge, et pour qu'il ne soit pas prononcé contre lui des peines pour chaque délit; tandis que, dans le concours de plusieurs crimes imputés au même individu, celui qui mérite la peine la plus forte doit seul être puni : tout cela résulte des articles 233, 234 et 446 du code des délits et des peines.

Il peut sans doute arriver que l'accusé d'un délit spécial et d'un délit commun, soit acquitté sur le premier, et condamné sur le second par les juges d'exception. Mais s'ils se sont montrés justes envers lui, en l'acquittant du crime de leur compétence, comment pourra-t-on douter de la justice de leur décision lorsqu'ils l'auront condamné sur l'autre délit? C'est un problême que de savoir si la vie et l'honneur d'un accusé sont, dans l'état actuel du jury, plus en sûreté dans les mains des jurés que dans un tribunal formé sous les auspices d'une sage constitution et d'un Gouvernement équitable, dans un tribunal où, parmi le nombre de huit juges, cinq jurisconsultes, versés dans la connoissance du cœur humain, auront la plus grande influence sur l'instruction et le jugement, et serviront de guides, dans les cas difficiles, à des militaires soumis par état aux lois du devoir et de l'honneur.

Mais, si le tribunal spécial peut, après le procès commencé pour un délit de sa compétence, instruire et juger lorsque l'accusé est inculpé sur d'autres faits, quelle qu'en soit la nature, il s'ensuit qu'il ne le peut pas lorsque la poursuite de ce délit n'est pas commencée avant l'inculpation sur d'autres faits qui ne le concernent pas.

Alors, le tribunal criminel, saisi de la connoissance de ces faits, ne peut en être dépouillé par les procédures faites postérieurement, devant le tribunal spécial, au sujet d'un délit de sa compétence, et le tribunal criminel doit connoître aussi de ce dernier délit.

Telle est la disposition de l'article 17 de la déclaration de 1731 ; telle est la conséquence de l'article 23 du titre 2 de l'ordonnance de 1670 et de l'article 13 de la loi discutée. Cette induction n'a jamais été contestée ; elle dérive même du sentiment contraire à celui que j'ai énoncé.

Je pense donc que le cas prévu par l'article 13 de la loi discutée, doit être décidé d'après les dispositions de l'article 23 de l'ordonnance de 1670, et des articles 17 et 18 de la déclaration de 1731, et qu'on doit suivre, relativement au nouvel ordre judiciaire, les règles déjà établies, à raison de la concurrence pour l'assassinat prémédité, puisque la loi discutée n'en a prescrit aucunes à ce sujet, ni dans l'art. 10, ni dans l'article 13.

Mais, si j'avais erré sur le sens de cet article et dans l'application des principes que j'ai discutés, si la question devoit être décidée d'après la seule teneur de l'art. 13, après avoir supposé qu'il n'a autorisé le tribunal spécial, dans l'espèce qu'il contient, qu'à prononcer sur le délit de sa compétence, et dont il auroit commencé la poursuite, il en résulteroit toujours une concurrence et une prévention entre ce tribunal et le tribunal ordinaire.

1°. Le tribunal spécial ne pourroit connoître du délit de son attribution, qu'autant qu'il n'auroit pas été prévenu par le tribunal criminel pour le délit ordinaire; et, dans ce cas, le délit spécial seroit poursuivi devant le tribunal d'exception, tandis que la poursuite du délit ordinaire auroit lieu devant le tribunal criminel.

2°. Si le tribunal criminel avoit décrété à raison du délit le concernant, avant le tribunal spécial pour celui de sa compétence, le tribunal criminel auroit la connoissance de l'un et de l'autre délit.

ART. XIV.

Il n'est point dérogé aux lois relatives aux émigrés. Ne pourra néanmoins le tribunal spécial suspendre l'instruction et le jugement des procès de sa compétence, quand même il y auroit des prévenus d'émigration dans le nombre des accusés.

Il résulte de cet article que le tribunal spécial ne peut jamais prononcer sur un crime d'émigration. Mais, si un ou plusieurs prévenus de ce crime sont accusés d'un délit de la compétence de ce tribunal, conjointement avec d'autres individus non prévenus d'émigration, cette circonstance ne l'empêche pas de faire l'instruction, et de procéder au jugement, quant au délit compris dans son attribution; sauf à faire ensuite juger, s'il y a lieu, le prévenu d'émigration par les juges compétans.

La disposition de l'article 14, loin d'être contraire à l'opinion que j'ai donnée sur l'article précédent, au sujet de la compétence accordée au tribunal ordinaire pour le délit spécial et le délit commun, lorsqu'il a prévenu le tribunal d'exception, la justifie au contraire. Quand même l'article 14 auroit fait une exception à l'égard d'un individu prévenu en même tems d'un délit de la compétence du tribunal spécial et d'un crime d'émigration, sans qu'il y eût de co-accusés du premier de ces délits, cette exception confirmeroit pour tous les autres cas la règle que j'ai établie.

Les Législateurs n'ayant autorisé le tribunal spécial à continuer l'instruction et le jugement du procès de sa compétence contre une personne inculpée d'un autre crime, que dans le seul cas où elle seroit prévenue d'émigration, d'émigration, il s'ensuivroit qu'il n'auroit pas cette faculté lorsqu'un individu, accusé d'un délit compris dans son attribution, auroit été inculpé devant le tribunal criminel pour des délits autres que celui d'émigration, avant que le tribunal spécial eût informé et décrété, ou le même jour : car, dans le concours du tribunal d'exception et du tribunal ordinaire, ce dernier tribunal est toujours plus favorable aux yeux de la loi, qui lui a accordé la préférence quand les deux tribunaux ont décrété le même jour.

Mais la disposition de l'article 14 est bien différente de la supposition que j'ai faite : ce n'est qu'autant qu'il y a des prévenus d'émigration dans le nombre des accusés d'un délit, dont la connoissance est attribuée au tribunal spécial, que ce tribunal a le droit de continuer l'instruction, et de procéder au jugement, à raison du fait de sa compétence.

Il y a donc, dans cette espèce, parmi les accusés de ce dernier délit, des individus qui ne sont pas prévenus d'émigration : c'est le motif pour lequel le tribunal spécial a été autorisé à procéder et à juger; parce que l'instruction et le jugement, pour le délit de sa compétence, sont indivisibles à l'égard de tous ceux qui en sont accusés; et parce que les personnes inculpées d'un délit de cette nature, et non prévenues d'émigration, ne peuvent être renvoyées devant les commissions militaires établies, en vertu de l'article 16 de la loi du 19 fructidor an 5, pour prononcer sur l'émigration contre ceux qui en étoient déjà prévenus le 4 nivôse an 8, les individus accusés du même crime, depuis cette époque, étant seuls justiciables des tribunaux criminels, en vertu de l'art. 4 de la loi du 12 ventôse suivant.

Si une personne prévenue d'émigration, étoit encore accusée d'un délit dont l'attribution est donnée au tribunal spécial, sans qu'il y eût d'autres co-accusés de ce dernier délit, il devroit d'abord être prononcé, par une commission militaire ou par le tribunal criminel, sur le crime d'émigration, suivant les divers cas ci-dessus spécifiés; sauf à renvoyer ensuite l'accusé devant le tribunal spécial pour procéder sur l'accusation du fait de sa compétence, si l'accusé étoit acquitté de celui d'émigration.

En effet, l'article 14 de la loi discutée, a déclaré ne pas déroger aux lois relatives aux émigrés, et il n'a indirectement suspendu l'action des commissions militaires et des tribunaux criminels, au sujet du délit d'émigration, qu'au seul cas, où dans le nombre de plusieurs individus sujets à la jurisdiction du tribunal spécial, un ou plusieurs seroient prévenus de ce délit.

Au surplus, l'article 14 ayant divisé les deux délits pour les faire instruire et juger, s'il y a lieu, par deux divers tribunaux, dans le concours d'un délit spécial et d'un crime d'émigration, il en résulte que les Législateurs n'ont pas entendu prescrire cette forme de procéder dans l'article 13; car ce dernier article ayant mentionné, dans une disposition générale, toute sorte de délit, s'il avoit eu pour objet de renvoyer, dans l'espèce qu'il contient, au tribunal ordinaire les délits non spéciaux, il n'eût pas été nécessaire d'établir cette règle dans le cas particulier de l'article suivant.

Je dois examiner ici une question qui n'a pas été prévue par la loi discutée. Si des délits emportant peine afflictive ou infamante, et qui ne seroient pas spéciaux, étoient commis par des vagabonds, gens sans aveu, ou condamnés à peine afflictive, conjointement avec d'autres individus qui ne seroient pas de la même qualité ; ou si, dans un même procès, il y avoit plusieurs accusés dont les uns seroient poursuivis pour un cas ordinaire, et dont les autres seroient chargés d'un crime prévôtal, la connoissance de tous les délits appartiendroit au tribunal criminel, quand même il auroit été prévenu par le tribunal d'exception. Telle est la décision de l'art. 20 de la déclaration de 1731.

CHAPITRE III.

De la poursuite, de l'instruction et du jugement.

ART. XV.

Tous les crimes attribués par le titre II au tribunal spécial seront poursuivis d'office et sans délai par le commissaire du Gouvernement, encore qu'il n'y ait pas de partie plaignante.

ART. XVI.

Les plaintes pourront être reçues indistinctement par le commissaire du Gouvernement, par ses substituts, par les officiers de gendarmerie ou de police, qui seront en tournée, ou résidens dans le lieu du délit.

Elles seront signées par l'officier qui les recevra; elles le seront aussi par le plaignant, ou par un procureur spécial, et si le plaignant ne sait ou ne peut signer, il en sera fait mention.

Le commissaire du Gouvernement doit

poursuivre d'office, suivant l'article 15, les prévenus de délits spéciaux, quoiqu'il n'y ait pas de partie plaignante; mais toute personne qui se croit lésée par un délit de la compétence du tribunal spécial, peut s'adresser à l'un des officiers dénommés dans l'article 16, soit qu'il se trouve en tournée, soit qu'il réside dans le lieu où le délit aura été commis, et rendre sa plainte conformément aux articles 94 et 95 du code des délits et des peines.

La partie plaignante peut même, en conformité de l'article 226, se présenter, par elle-même, ou par un fondé de procuration spéciale, au commissaire du Gouvernement qui, aux termes de l'article 28 de la loi discutée, doit dresser l'acte d'accusation; et dans ce cas, il est dressé de concert avec elle.

Si le commissaire du Gouvernement et la partie plaignante ne peuvent s'accorder, soit sur les faits, soit sur la nature de l'acte d'accusation, chacun d'eux doit rédiger séparément son acte d'accusation : article 227 du même code.

L'article 16 de la loi discutée ayant autorisé la partie qui se croit lésée par un délit de la compétence du tribunal spécial, à rendre sa plainte, les règles établies à ce sujet, par les lois antérieures, doivent être observées, dès qu'elles n'ont point été abrogées. Cet article a seulement exigé la signature de l'officier public et de la partie plaignante, lorsqu'elle sait ou peut signer, ou de son fondé de pouvoir. On n'est donc pas astreint à suivre la forme prescrite par l'article 91 du code, suivant lequel la dénonciation doit être signée, à chaque feuillet, par l'officier public et par le dénonciateur; à quoi l'article 96 s'est conformé au sujet des plaintes.

Une seule signature seroit suffisante, si la plainte étoit écrite sur une seule feuille; puisque, dans cette supposition, aucune partie ne pourroit en être disraite, ni remplacée.

Mais, si elle contenoit plusieurs feuilles, chacune d'elles devroit être signée : l'article 16 de la loi discutée, en diminuant le nombre des formalités pour des délits, dont la poursuite doit être faite avec célérité, n'a pas eu en vue d'abolir celles qu'il est indispensable d'observer pour empêcher les changemens qui pourroient être faits aux plaintes contenant plusieurs feuilles, dont une seule seroit signée.

Art. XVII.

Tous officiers de gendarmerie et tous autres officiers de police qui auront connoissance d'un crime, seront tenus de se transporter aussitôt par-tout où besoin sera, de dresser sur-le-champ, et sans déplacer, procès-verbal détaillé des circonstances du délit, et de tout ce qui pourra servir pour la décharge ou la conviction, et de décerner tout mandat d'amener, selon l'exigence des cas.

Les officiers de police, dont il est parlé dans cet article et dans le précédent, sont : les juges de paix, les commissaires de police établis dans certaines villes, les adjoints du maire dans les lieux où il n'y a pas de commissaires de police, et les substituts du commissaire du Gouvernement près le tribunal criminel, qui seront nommés

més pour chaque arrondissement communal, et qui sont spécialement chargés, par la loi du 7 pluviôse an 9, de la recherche et de la poursuite de tous les délits dont la connoissance appartient aux tribunaux de police correctionnelle et aux tribunaux criminels.

Le tribunal spécial est sans doute compris dans cette dernière dénomination : car les Législateurs, qui ont établi ces substituts pour la recherche et la poursuite de tous délits emportant peine afflictive ou infamante, même de ceux de police correctionnelle, ne peuvent avoir eu l'intention de rendre leur surveillance inutile lorsqu'il s'agit de crimes ou délits qu'il importe le plus à la société de punir.

D'ailleurs, l'article 16 de la loi discutée ayant fait concourir les substituts du commissaire près le tribunal criminel avec les officiers de gendarmerie ou de police, pour recevoir les plaintes à raison des délits dont la connoissance appartient au tribunal spécial, il s'ensuit que ces officiers devront exercer leurs fonctions à l'égard de ces délits, et qu'ils sont compris dans la désignation d'officiers de police, dont l'art. 17 a fait mention.

Quoique les officiers de police aient été seulement autorisés par l'article 17 à décerner tout mandat d'amener, quoique la loi discutée ne leur ait pas expressément attribué le pouvoir de donner des mandats d'arrêt, ils sont cependant en droit de décerner cette espèce de mandat, puisqu'il est des cas énoncés dans l'article 68 du code des délits et des peines où il est une suite nécessaire du mandat d'amener, et de l'arrestation faite en flagrant délit ou sur la clameur publique.

Il paroît que les Législateurs, après avoir rapporté, par la loi du 7 pluviôse an 9, la faculté donnée à l'officier de police judiciaire de décerner les mandats d'amener et d'arrêt, en l'autorisant seulement à décerner un mandat de dépôt, ont fait revivre, par la loi discutée, pour les délits spéciaux, les attributions qu'il avoit, en vertu du code des délits et des peines, sauf les changemens que le nouvel ordre judiciaire, prescrit par ces deux lois, a rendus nécessaires.

Ainsi, par exemple, dans le cas où l'officier de police, après avoir délivré un mandat d'amener, mettroit le prévenu en liberté, en conformité de l'article 66, sa décision, qui devoit être communiquée au directeur du jury, sera soumise au commissaire du Gouvernement qui peut rechercher et poursuivre de nouveau le prévenu pour le même fait suivant l'article 67.

ART. XVIII.

Les procès-verbaux seront envoyés ou remis, dans les vingt-quatre heures, au greffe du tribunal, ensemble les armes, meubles, hardes et papiers qui pourront servir à la preuve, et le tout fera partie du procès.

ART. XIX.

S'il y a des personnes blessées, elles pourront se faire visiter par des médecins et chirurgiens, qui affirmeront leur rapport véritable, et ce rapport sera joint au procès.

Le tribunal pourra néanmoins ordonner de nouvelles visites par des experts nommés d'office, lesquels prêteront serment entre les mains du président ou de tel autre juge par lui commis, de remplir fidèlement leur mission.

ART. XX.

Tous officiers de gendarmerie, tous officiers de police, tous fonctionnaires publics, seront tenus d'arrêter ou faire arrêter les personnes surprises en flagrant délit, ou désignées par la clameur publique.

Cet article attribue non-seulement aux officiers de gendarmerie et de police, mais encore à tous fonctionnaires publics, les mêmes fonctions pour l'espèce qu'il contient. Ainsi, tous officiers de gendarmerie et de police, comme tous fonctionnaires publics, sans exception, sont tenus d'arrêter ou faire arrêter les personnes surprises en flagrant délit ou désignées par la clameur publique.

ART. XXI.

Tous officiers de gendarmerie ou de po-

lice seront tenus, en arrêtant un accusé, de faire inventaire des effets et papiers dont cet accusé se trouvera saisi, en présence de deux citoyens domiciliés dans le lieu le plus proche de celui de la capture, lesquels, ainsi que l'accusé, signeront l'inventaire, sinon déclareront la cause de leur refus, dont il sera fait mention, pour être le tout remis dans trois jours au plus tard au greffe du tribunal.

Il sera laissé à l'accusé copie dudit inventaire, ainsi que du procès-verbal de capture.

ART. XXII.

A l'instant même de la capture, l'accusé sera conduit dans les prisons du lieu, s'il y en a, sinon aux plus prochaines, et dans trois jours au plus tard à celles du tribunal.

Les officiers de gendarmerie et de police ne pourront tenir l'accusé en chartre privée dans leur maison ou ailleurs.

Les officiers de gendarmerie et de police

doivent observer scrupuleusement la disposition de cet article, puisque la contravention emporte forfaiture, suivant le paragraphe 6 de l'article 644 du code des délits et des peines.

ART. XXIII.

Vingt-quatre heures après l'arrivée de l'accusé dans les prisons du tribunal, il sera interrogé; les témoins seront entendus séparément et hors de la présence de l'accusé, le tout par un juge commis par le président.

ART. XXIV.

Sur le vu de la plainte, des pièces y jointes, des interrogatoires et réponses, des informations, et le commissaire du Gouvernement entendu, le tribunal jugera sa compétence sans appel; s'il déclare ne pouvoir connoître du délit, il renverra sans retard l'accusé et tous les actes du procès pardevant qui de droit. Dans le cas contraire, il procédera également, sans délai, à l'instruction et au jugement du fonds.

Les témoins devoient être entendus de vive voix devant le jury d'accusation, suivant l'article 238 du code des délits et des peines. Mais l'article 21 de la loi du 7 pluviôse an 9, a abrogé cette forme de procéder, et a ordonné que les dépositions reçues par le directeur du jury d'accusation seroient remises à ce jury. L'article 24 de la loi discutée s'est conformé à cette règle, en ordonnant que le tribunal spécial jugera sa compétence sur les informations qui auront été faites par l'un des juges, en exécution du précédent article.

Le renvoi de l'accusé devant qui de droit, prescrit par l'article 24, est relatif à trois objets : 1°. aux délits qui, pouvant mériter peine afflictive ou infamante, sont de la compétence du tribunal criminel ou des tribunaux militaires ; 2°. aux délits de police correctionnelle, lorsque la connoissance n'en est pas attribuée au tribunal spécial ; 3°. aux délits qui ne doivent être punis que des peines de simple police, et dont il ne peut connoître puisque les délits de sa compétence méritent toujours une plus grande punition.

Le prévenu ne pourra être entendu, ni pour lui, un défenseur officieux, lors du jugement de compétence, dès que la loi qui lui a accordé cette faculté, par l'article 28, lorsqu'il s'agit de prononcer sur l'accusation, ne la lui a pas donnée dans l'article 24, quand il est question de juger la compétence.

Mais je ne doute pas que le prévenu ne puisse proposer ses moyens d'incompétence dans une requête qui sera jointe aux autres pièces du procès, et sur laquelle les juges devront délibérer.

Art. XXV.

Le jugement de compétence sera signifié à l'accusé dans les vingt-quatre heures. Le commissaire du Gouvernement adressera, dans le même délai, expédition du jugement au ministre de la justice, pour être le tout transmis au tribunal de cassation.

Art. XXVI.

La section criminelle du tribunal de cassation

cassation prendra connoissance de tous jugemens de compétence rendus par le tribunal spécial, et y statuera toutes autres affaires cessantes.

Les jugemens du tribunal spécial, qui auront ordonné le renvoi à d'autres tribunaux des délits qu'il aura cru n'être pas dans son attribution, ne seront pas sujets au recours en cassation. L'article 26 n'y a soumis que les jugemens de compétence.

Mais ce recours est de rigueur quant aux jugemens, par lesquels le tribunal spécial s'est déclaré compétent, même à l'égard des délits qui ne sont susceptibles que de peines correctionnelles, la loi n'ayant fait aucune distinction.

Les accusés pourront sans doute faire proposer, par des défenseurs officieux, devant le tribunal de cassation, leurs moyens d'incompétence, s'ils croient en avoir contre les jugemens mentionnés dans cet article. L'article 12 de la loi du 1er. décembre 1790 veut, qu'en toute affaire pendante devant ce tribunal, les parties puissent, par elles-mêmes, ou par leurs défenseurs, plaider et faire les observations qu'elles jugeront nécessaires à leur cause. Or, les formalités prescrites par les lois antérieures doivent être observées à raison des délits spéciaux, lorsqu'elles n'ont pas été abrogées.

Ainsi, après le premier interrogatoire du prévenu, il doit lui être donné lecture des charges et dépositions, et il doit de suite être interrogé de nouveau, s'il le demande : article 10 de la loi du 7 pluviôse an 9. Il doit même être délivré gratis à l'accusé, après son interrogatoire, et en présence du président du tribunal, conformément à l'article 320 du code des délits et des peines, copie des pièces de la procédure, à peine de nullité. La formalité prescrite par la loi du 7 pluviôse an 9, n'a pas rapporté celle que le code des délits et des peines avoit établie.

Art. XXVII.

Ce recours ne pourra, dans aucun cas, suspendre l'instruction ni le jugement. Il sera seulement sursis à toute exécu-

tion, jusqu'à ce qu'il ait été statué par le tribunal de cassation.

ART. XXVIII.

Après le jugement de compétence, nonobstant le recours au tribunal de cassation, et sans y préjudicier, l'accusé sera traduit à l'audience publique du tribunal : là, en présence des témoins, lecture sera donnée de l'acte d'accusation dressé par le commissaire du Gouvernement; les témoins seront ensuite successivement appelés. Le commissaire du Gouvernement donnera ses conclusions : après lui, l'accusé ou son défenseur sera entendu.

Je pense que cet article a voulu abroger, quant au tribunal spécial, l'art. 228 du code des délits et des peines, suivant lequel il ne peut être dressé d'acte d'accusation que pour un délit emportant peine afflictive ou infamante.

L'article 28 de la loi discutée, a chargé le commissaire du Gouvernement, généralement et sans aucune exception, de dresser l'acte d'accusation, et il a tellement compris dans cette disposition les délits qui ne donnent lieu qu'à des peines correctionnelles, que l'article 29, qui n'est que la suite du précédent, contient une espèce où le tribunal spécial ne peut prononcer que de semblables peines.

Les formalités prescrites par les articles 23, 24 et 28 de la loi discutée, ne peuvent d'ailleurs se concilier avec les formes déterminées au sujet de la poursuite des délits correctionnels, par les articles 180, 182, 183, 184, la troisième partie de l'article 185, et l'article 187 du code des délits et des peines. Il résulte de cette différence et de l'ensemble de la loi discutée, qu'elle a entendu soumettre à la même forme de procéder tous les délits spéciaux, quelles que soient les peines dont ils doivent être punis.

Les motifs que les Législateurs ont eu en établissant sur ce point, dans le tribunal spécial, une procédure différente de celle prescrite par le code des délits et des peines sont aisément sentis, quand on observe que le tribunal criminel ne connoît que des délits emportant peine afflictive ou infamante, et qu'il ne peut prononcer sur les matières correctionnelles dont la connoissance appartient au tribunal d'arrondissement ; tandis que le tribunal spécial est compétant pour statuer, d'après les règles de son attribution, sur les délits qui peuvent donner lieu à des peines afflictives ou infamantes, et sur ceux qui ne doivent être punis que de peines correctionnelles.

S'il y a une partie plaignante, et qu'elle ait dressé séparément un acte d'accusation, il doit être lu à l'accusé.

La partie plaignante doit être entendue après le commissaire du Gouvernement : article 370 du code des délits et des peines.

Si le commissaire ou la partie plaignante demandoit au tribunal la permission de répliquer, il ne pourroit la refuser, puisque l'article 28 de la loi discutée n'a pas abrogé l'article 370 du code des délits et des peines, qui a permis la réplique à l'accusateur public, à la partie plaignante et à l'accusé.

Art. XXIX.

Le débat étant terminé, le tribunal jugera le fonds en dernier ressort et sans recours en cassation.

Les vols de la nature de ceux dont il est parlé dans les articles 8 et 9 (1), seront punis de mort. Les menaces, excès et voies de fait exercés contre les acquéreurs de domaines nationaux, seront punis de la peine d'emprisonnement, laquelle ne pourra excéder trois ans, ni être au-dessous de six mois, sans préjudice de plus fortes peines en cas de circonstances aggravantes.

Quant aux autres délits spécifiés dans le titre II, le tribunal se conformera aux dispositions du code pénal du 17 septembre 1791.

---

(1) La loi et le projet qui l'a précédé font mention des articles 9 et 10 : mais c'est une erreur de fait ; et quand on a lu les articles 8, 9 et 10, on est convaincu que l'article 29 ne peut avoir eu pour objet que les articles 8 et 9, où il s'agit du crime de vol, et non l'article 10 où il est question de l'assassinat prémédité.

Le recours en cassation ne peut suspendre l'instruction ni le jugement définitif; mais l'exécution de ce dernier jugement est subordonnée à la décision du tribunal de cassation sur celui de compétence.

Si le jugement de compétence est confirmé, l'exécution doit avoir lieu dans les vingt-quatre heures de la réception du jugement du tribunal de cassation : art. 443 du code des délits et des peines. Il ne peut, en effet, y avoir recours au tribunal de cassation pour le jugement du fonds.

Dans le cas où le jugement de compétence seroit annullé, l'accusé devroit être traduit devant le tribunal compétant pour prononcer sur le fait pour lequel il a été arrêté.

Les dispositions de la seconde partie de l'article 29 donnent lieu à plusieurs observations :

1°. Le code pénal du 17 septembre 1791, ayant prononcé des peines insuffisantes pour la répression des vols mentionnés dans les articles 8 et 9 de la loi discutée, une funeste expérience démontra bientôt après la nécessité d'appeler, dans certains cas, sur la tête des coupables, la rigueur des lois anciennes.

Ces vols devinrent si fréquens, que les Législateurs crurent devoir adopter des mesures plus rigoureuses dans les lois des 26 floréal an 5 et 29 nivôse an 6.

Il fut ordonné par l'article 1er. de cette dernière loi : que les vols, commis à force ouverte, ou par violence, sur les routes et voies publiques, pour lesquels l'art. 2, section 2 du titre 2 de la deuxième partie du code pénal avoit seulement prononcé la peine des fers pendant quatorze ans, seroient punis de mort.

L'article 2 voulut : que ceux qui seroient convaincus d'avoir attaqué sur les routes et voies publiques, soit les voitures publiques de terre et d'eau, soit les couriers de la poste ou leurs malles, soit les couriers porteurs des dépêches du Gouvernement, ou des ministres, ou des autorités constituées ou des généraux, soit les voyageurs, seroient aussi punis de mort, lorsqu'il apparoîtroit, par les circonstances du fait, que ces attaques auroient eu lieu dans le dessein d'assassiner, ou de voler, ou d'enlever les lettres,

tres, papiers ou dépêches; lors même que l'assassinat, le vol ou l'enlèvement n'auroient pas été consommés.

Ce n'étoit donc que dans les cas et d'après les circonstances mentionnées dans ces deux articles, que la peine de mort pouvoit être prononcée dans l'espèce d'un vol fait sur les routes et voies publiques, autrement il falloit avoir recours aux peines prescrites par les articles 22, 23 et 24 de la deuxième section du titre 2 de la deuxième partie du code pénal, et par l'article 32 de la loi du 19 juillet 1791, sur la police correctionnelle, puisque le code pénal ni les lois postérieures ne renfermoient aucune autre espèce de vols faits sur les grands chemins.

La loi du 29 nivôse an 6, dont la durée, fixée à un an, avoit été maintenue par la loi du 29 brumaire an 7 jusqu'au 29 nivôse an 8, n'ayant plus été renouvelée, cessa d'exister à cette époque. Le code pénal régla seul alors les peines à infliger et la procédure à suivre à raison des délits ci-dessus mentionnés.

Mais les articles 8 et 29 de la loi discutée ont infligé la peine capitale pour les vols faits sur les grandes routes, sans aucune distinction, et conséquemment, soit qu'ils aient été commis à force ouverte, par violence, à suite de menaces, voies de fait quelconques ou d'autres circonstances du délit, soit qu'ils aient été faits par adresse et furtivement; les Législateurs, en infligeant une aussi grande peine, ayant moins considéré le caractère du vol que le lieu où il a été commis.

C'est du moins l'opinion que j'ai énoncée, sur cette question, dans le chapitre 2, où j'ai exposé mes motifs et ceux de l'avis contraire.

2°. Les vols dans l'intérieur des maisons, à force ouverte et par violence envers les personnes, étoient aussi punis de quatorze années de fers, suivant le même article 2, section 2 du titre 2 de la deuxième partie du code pénal.

L'article 3 avoit porté la peine a dix-huit ans de fers, si le coupable s'étoit introduit dans l'intérieur de la maison ou du logement où il avoit commis le crime, à l'aide d'effraction, faite par lui-même ou par ses complices, aux portes et clôtures, soit de la maison, soit du logement, ou à l'aide de fausses clefs, ou en escaladant les murailles, toîts ou autres clôtures extérieures de ladite maison, ou si le coupable étoit habitant ou commensal de cette maison, ou reçu habituellement dans ladite maison, pour y faire un travail ou un service salarié, ou s'il y étoit admis à titre d'hospitalité.

La durée de la peine des crimes mentionnés en l'article 2, étoit augmentée de quatre années, en vertu de l'article 4, pour chacune des circonstances dont il fait mention. Mais, dans aucun cas, la peine ne pouvoit excéder vingt-quatre années de fers : article 5.

La loi du 26 floréal an 5 prononça la peine de mort au sujet des vols faits dans l'intérieur d'une maison, à force ouverte et par violence, lorsqu'ils seroient accompagnés de l'une des circonstances suivantes : 1°. si les coupables s'étoient introduits dans la maison par la force des armes ; 2°. s'ils avoient fait usage de leurs armes dans l'intérieur de la maison contre ceux qui s'y trouvoient ; 3°. si les violences commises contre ces personnes, avoient laissé des traces, telles que blessures, brûlures ou contusions. La même peine fut infligée contre tous les coupables, quand même tous n'auroient pas été trouvés munis d'armes.

L'article 1er. de la loi du 29 nivôse an 6 déclara aussi que la peine de mort auroit lieu au sujet des vols commis avec effraction extérieure ou escalade dans les maisons habitées.

L'article 3 ajouta, que ceux qui seroient convaincus de s'être introduits dans des maisons habitées, à l'aide d'effraction extérieure ou d'escalade, subiroient la même peine, lorsqu'il apparoîtroit, par les circonstances du fait, qu'ils avoient le dessein d'assassiner ou de voler, lors même que ces derniers crimes n'auroient pas été consommés.

Les cas prévus par les articles précédens, restoient soumis, suivant l'article 4, à la compétence des juges ordinaires; mais lorsque les délits y mentionnés avoient été commis par un rassemblement de plus de deux personnes, les prévenus, leurs complices, fauteurs et instigateurs, devoient être traduits devant un conseil de guerre, et jugés par lui.

L'article 5 avoit de plus soumis au jugement d'un conseil de guerre, ceux qui, dans un rassemblement de plus de deux personnes, se seroient introduits, même sans effraction, dans la maison d'un citoyen, et y auroient commis ou tenté d'y commettre des vols à force ouverte et par violence envers des personnes. Cette disposition étoit applicable à leurs complices, fauteurs et instigateurs.

A l'égard de tout vol commis dans un terrein clos et fermé, tenant immédiatement à une maison habitée, la punition étoit de quatre années de fers. La durée de la peine étoit augmentée de deux ans pour chacune des circonstances suivantes :

La première, s'il avoit été commis la nuit ;

La deuxième, s'il avoit été commis par deux ou plusieurs personnes réunies ;

La troisième, si le coupable ou les coupables étoient porteurs d'armes à feu, ou de toute autre arme meurtrière : article 25, section 2 du titre 2 de la deuxième partie du code pénal.

Tout vol commis dans un terrein clos et fermé, si ledit terrein ne tenoit pas immédiatement à une maison habitée, étoit puni de quatre années de détention ; la peine étoit de six années, si le crime avoit été commis la nuit : article 26.

Les peines déterminées par les art. 25 et 26, que je viens de rapporter, ont été modifiées par les articles 9 et 10 de la loi du 25 frimaire an 8.

L'article 9 a prononcé, dans le premier cas, un emprisonnement qui ne peut être moindre de six mois, ni excéder deux années, quand le vol a été fait de jour. Cet article a maintenu la disposition de l'article 25 du code, dans le cas où il auroit été commis la nuit.

L'article 10 de la loi du 25 frimaire an 8, n'a prononcé, dans le second cas, que la peine de l'emprisonnement qui est plus ou moins considérable, suivant que le vol a été commis la nuit ou le jour.

Mais l'article 15 a ajouté : qu'en cas de récidive de l'un ou de l'autre délit, elle seroit punie conformément au code pénal.

Tel fut l'état de la législation jusqu'au 29 nivôse an 8, époque à laquelle le code pénal et les lois des 26 floréal an 5 et 25 frimaire an 8 durent seuls être consultés, quant aux délits que je viens de mentionner, dont plusieurs sont énoncés dans la loi du 29 nivôse an 6. L'attribution qu'elle avoit donnée aux conseils de guerre fut aussi sans effet.

Les articles 9 et 29 de la loi discutée ont infligé la peine de mort à l'égard des vols faits dans les campagnes et dans les habitations et bâtimens de campagne, lorsqu'ils sont suivis de l'une des deux circonstances suivantes ou de toutes les deux.

La première, s'il y a effraction faite aux murs de clôture, au toît des maisons, portes et fenêtres extérieures.

La deuxième, lorsque le crime a été commis avec port d'armes, et par la réunion de deux personnes au moins.

Au surplus, l'article 9 de la loi discutée a fait cesser, à l'égard des vols y mentionnés, lorsqu'ils sont poursuivis devant le tribunal spécial, la distinction que le code pénal avoit établie par les articles 7, 12, 25 et 26 de la deuxième section du titre 2 de la deuxième partie, et qui a été renouvelée par les articles 9 et 10 de la loi du 25 frimaire an 8, entre les bâtimens habités et ceux qui ne le sont pas, puisqu'il a confondu les bâtimens de campagne avec les habitations : ensorte que le crime a le même caractère, est sujet à la même peine, soit que le vol ait été fait dans une habitation de campagne, soit qu'il ait été commis dans un bâtiment de campagne non habité.

3°. La peine de mort prononcée par l'article 29 de la loi discutée, pour les vols mentionnés dans les articles 8 et 9, peut-elle être infligée par les tribunaux criminels, ou sont-ils encore tenus de se conformer à ce sujet aux lois antérieures ? Je pense que cette disposition de l'article 19 ne concerne que le tribunal spécial.

En effet, si le tribunal spécial n'est point établi dans certains départemens, la loi qui a accordé au Gouvernement la faculté

culté de faire cet établissement où il le jugeroit nécessaire, ne pourra y recevoir son exécution, et le tribunal criminel devra infliger, à l'égard des vols faits sur les grandes routes et des vols faits avec effraction dans les campagnes, les peines portées par les lois existantes avant la loi discutée, dans les cas qu'elles ont déterminés.

La question devient sans objet par rapport aux lieux où il y aura un tribunal spécial, puisque ce tribunal ayant la connoissance exclusive de ces sortes de crime, il pourra seul prononcer la peine que la loi nouvelle a déterminée.

Mais si, dans un département où un tribunal spécial seroit établi, le tribunal criminel, déjà saisi d'un délit de sa compétence, pouvoit connoître, par une conséquence de l'article 13, et en vertu de l'article 17 de la déclaration du 5 février 1731, d'un crime spécial qui n'emporteroit pas, aux termes du code pénal et des autres lois rendues avant celle que je discute, une peine aussi grave que celle infligée par cette loi, il paroît que le tribunal criminel devroit appliquer cette dernière peine à ce crime, si le prévenu en étoit convaincu par les jurés.

D'abord, parce que la loi portant création d'un tribunal spécial seroit, dans ce cas, en vigueur dans le ressort du tribunal criminel : ensuite, parce que le délit étant de la compétence du tribunal spécial, le tribunal ordinaire qui le remplaceroit par la nature des circonstances, seroit tenu de prononcer les peines que la loi nouvelle a établies à l'égard de certains délits pour la punition des coupables.

4°. L'article 29 de la loi discutée a prescrit la peine à infliger à raison des menaces, excès et voies de fait exercés contre les acquéreurs de domaines nationaux. Cette peine est correctionnelle : elle consiste à un emprisonnement, qui ne peut excéder trois ans, ni être au-dessous de six mois. Il faut toutefois que les menaces, excès et voies de fait aient eu pour objet les acquisitions de biens nationaux, en conformité de l'article 11 de la même loi.

Si les menaces, excès et voies de fait méritoient des peines plus considérables, à raison des circonstances dont ils seroient accompagnés, et qu'ils pussent donner lieu à des peines afflictives ou infamantes, elles devroient être prononcées par le tribunal spécial, puisque la connoissance de tous excès, menaces et voies de fait exercés contre les acquéreurs de domaines nationaux, à raison de leurs acquisitions, lui a été attribuée par l'article 11, et que l'article 29 a réservé de plus fortes peines en cas de circonstances aggravantes.

Cet article a considérablement augmenté la punition qui existoit auparavant pour ces espèces de délit, à l'égard de toutes sortes de personnes.

Les menaces qui n'avoient pas eu un grand crime pour objet, et qui étoient mises au rang des injures verbales par les articles 19 et 20 du titre 2 de la loi du 19 juillet 1791, ne donnoient lieu qu'à des peines de simple police, suivant le paragraphe 7 de l'article 605 du code des délits et des peines.

Il en étoit de même, aux termes du paragraphe 8 du même article, au sujet des voies de fait et violences légères, pourvu qu'on n'eût blessé ni frappé personne.

A l'égard des autres excès et voies de fait non compris dans le code pénal, les coupables ne devoient être condamnés, en conformité de l'article 13 du titre 2 de la loi du 19 juillet 1791, qu'à une amende qui ne pouvoit excéder 500 fr., et à un emprisonnement qui ne pouvoit excéder six mois.

Je pense que la gravité des peines prononcées par la nouvelle loi a eu pour motif, non la garantie des ventes des biens nationaux, donnée aux acquéreurs desdits biens par l'article 94 de la constitution : car toutes les propriétés des citoyens sont également sous la protection des lois ; mais bien les troubles que ces acquéreurs ont éprouvés en certains lieux dans la jouissance des biens qu'ils ont acquis.

Quant aux autres délits spécifiés dans le titre 2 de la loi discutée, la troisième partie de l'article 29 a ordonné que le tribunal spécial se conformeroit aux dispositions du code pénal du 17 septembre 1791.

Il ne faut pas croire cependant que tous les délits, pour lesquels la loi discutée n'a pas déterminé la peine, soient sujets à des peines afflictives ou infamantes. Il y a plusieurs cas, parmi ces délits, qui ne peuvent donner lieu qu'à des peines correctionnelles.

J'en ai cité des exemples dans le cas de l'évasion d'un condamné, et j'en citerai d'autres dans la suite de ce commentaire.

D'ailleurs, le code pénal du 17 septembre 1791 n'est pas la seule règle à suivre en matière de délits emportant peine afflictive ou infamante. Il est des crimes pour lesquels les lois subséquentes ont augmenté ou modifié la peine, et plusieurs de ces lois ont déterminé de nouveaux délits, ainsi que les peines à infliger aux coupables.

Il faut donc supposer que les Législateurs, en indiquant le code pénal du 17 septembre 1791, comme devant servir de base à la condamnation pour les délits, à raison desquels la loi discutée n'a pas précisé la peine, n'ont point entendu exclure les dispositions des lois antérieures ou postérieures sur la police correctionnelle, non plus que celles des lois subséquentes à ce code, au sujet des crimes pouvant mériter peine afflictive ou infamante.

1°. Je ne puis appliquer aucune peine aux délits vaguement énoncés dans l'article 6 de la loi discutée, puisque cet article ne les a pas déterminés, et a fait seulement dépendre la compétence du tribunal spécial de la qualité des personnes qui les ont commis, lorsqu'ils peuvent donner lieu à des peines afflictives ou infamantes.

Par conséquent, si des vagabonds et gens sans aveu, ou d'autres personnes désignées dans l'article 6, commettoient l'un des crimes emportant des peines de cette nature, et précisés dans la loi discutée, il faudroit prononcer les peines prescrites par l'article 29, pour certains, et à l'égard des autres, celles que j'ai déjà indiquées dans le chapitre 2, et que j'indiquerai ci-après.

Mais si des vagabonds et gens sans aveu, ou des condamnés à peine afflictive, se rendoient coupables de délits que cette loi n'a pas précisés, et qui n'ont pu être compris dans la discussion qui est l'objet de ce commentaire, il faudroit chercher dans les lois pénales la punition qui devroit leur être infligée.

2°. J'ai dit, dans le chapitre 2, que parmi les lois nouvelles une seule a désigné les vagabonds, parce que celle du 7 frimaire an 5, en faisant mention dans l'article 11 des mendians valides qui n'ont pas de domicile acquis, hors le lieu où ils sont nés, a supposé qu'ils en avoient un dans le lieu de leur naissance; tandis que l'art. 4 du titre 3 de la loi du 24 vendémiaire an 2, cité dans le chapitre 2, a eu en vue des mendians qui ne peuvent justifier d'aucun domicile.

On voit dans la loi du 7 frimaire an 5, qui ordonna la perception pendant six mois, au profit des indigens, d'un décime par franc en sus des billets d'entrée de tous les spectacles, que la disposition pénale contenue dans l'article 11, eût pour motif de rendre plus facile et plus équitable l'application de cet acte de bienfaisance, en obligeant les mendians valides, qui n'avoient pas de domicile acquis dans le lieu où ils étoient nés, à retourner dans le lieu de leur naissance, sous peine d'y être conduits par la gendarmerie, et d'être condamnés à une détention de trois mois, c'est-à-dire, à un emprisonnement : car la brièveté de la peine fait assez présumer que les Législateurs n'ont point entendu en infliger une afflictive.

La différence que j'ai faite remarquer entre l'article 4 de la loi du 24 vendémiaire an 2, et l'article 11 de celle du 7 frimaire an 5, a encore pour fondement la diversité des peines que chacun de ces articles a prononcées. Dans le premier cas, il s'agit d'une peine afflictive qui doit durer pendant une année ; dans le second cas, au contraire, il n'est question que d'une peine correctionnelle qui ne doit durer que trois mois.

Mais quand même cette dernière loi auroit entendu désigner des mendians vagabonds, la peine qu'elle a déterminée ne pourroit être appliquée à des vagabonds qui n'auroient pas mendié. La loi citée a eu pour objet principal un délit de mendicité dans la punition qu'elle a infligée, et le vagabondage ne seroit, dans cette supposition, qu'une circonstance du délit.

Quoique l'espèce de délit mentionnée dans la 1re. partie de l'article 4 de la

loi

loi du 24 vendémiaire an 2, soit, à mon avis, punissable de peine afflictive, je ne crois pas non plus que le tribunal spécial puisse en connoître en vertu de l'article 6 de la loi discutée. Pour que ce tribunal soit compétant, il faut, suivant cet article, que la qualité de vagabond soit indépendante du délit qu'il a commis, et que ce délit emporte peine afflictive ou infamante par la nature du crime et sans le concours du fait de vagabondage. Or, le délit ci-dessus spécifié résulte de la mendicité et du vagabondage; il n'est puni de peine afflictive, que sous ce double rapport, et si le fait de vagabondage est séparé de celui de mendicité, il n'y a point de punition pour le premier fait, et le second n'emporte que des peines correctionnelles.

L'article 2 de la loi du 3 août 1791 n'avoit attribué, à la gendarmerie, la faculté d'arrêter, sans réquisition particulière, les mendians et vagabonds, que parce que les lois anciennes, qui avoient prononcé contr'eux des peines afflictives, étoient encore existantes; et quand on fait attention que cette loi est antérieure au code pénal du 25 septembre suivant, on est convaincu qu'elle est étrangère à la question que j'ai discutée.

En résumant les observations que j'ai faites dans le chapitre 2, au sujet du fait de vagabondage, je pense;

Premièrement, que les lois antérieures au code pénal, ayant distingué les mendians et les vagabonds, par l'article premier de la déclaration du 5 février 1731, et par la loi du 3 août 1791; et le fait de vagabondage, indépendant de tout délit, n'ayant pas été mis au rang des crimes par le code pénal et les lois subséquentes, aucun tribunal ne peut prononcer des peines à raison de ce seul fait. Aucun acte ni omission ne peut être réputé délit suivant le paragraphe 2 des dispositions préliminaires du code des délits et des peines, s'il n'y a contravention à une loi promulguée antérieurement.

Deuxièmement, que le tribunal spécial seroit incompétant pour punir un mendiant qui ne pourroit justifier d'aucun domicile, ou qui n'auroit pas un domicile acquis hors la commune où il est né, parce que les délits de mendicité ne sont pas compris dans son attribution.

Troisièmement, que les tribunaux ordinaires sont seuls compétans pour infliger les peines portées par l'article 4, titre 3 de la loi du 24 vendémiaire an 2, et l'art. 11 de celle du 7 frimaire an 5, parce qu'ils doivent connoître de tous les délits dont la connoissance n'a pas été expressément attribuée au tribunal spécial, et par conséquent de ceux de mendicité et des circonstances de ces délits.

3°. Je n'ai rien à ajouter à ce que j'ai observé dans le chapitre 2, au sujet des peines qui doivent être prononcées pour l'évasion des condamnés.

4°. Je persiste à croire que le tribunal spécial ne peut connoître des violences et voies de fait commises sur les grandes routes que comme des circonstances du vol, et qu'il n'a pas d'attribution lorsqu'elles n'ont pas eu un pareil crime pour objet. Il seroit donc inutile, d'après cette opinion, d'examiner ici qu'elles sont les peines portées par les lois, à raison des violences et voies de fait comme délits principaux, indé-

S 2

pendans de tout vol : considérées comme circonstances du vol, elles ne peuvent jamais donner lieu à des peines particulières, puisque les vols mentionnés en l'article 8, sans aucune exception, doivent être punis de mort aux termes de l'article 29.

5°. L'assassinat est puni de la peine capitale, suivant l'art. 11 de la première section du titre 2 de la deuxième partie du code pénal. Cet article porte que l'homicide, commis avec préméditation, sera qualifié d'assassinat et puni de mort. C'est au contenu de cet article que s'applique l'article 10 de la loi discutée, où il ne s'agit que de l'assassinat prémédité. Ainsi, quoique l'article 14 de la première section du titre 2 de la deuxième partie du code pénal, ait qualifié d'assassinat l'homicide qui aura précédé, accompagné ou suivi d'autres crimes, tels que ceux de vol, d'offense à la loi, de sédition ou tous autres, l'espèce d'un pareil assassinat n'est pas comprise dans l'attribution donnée au tribunal spécial par l'article 10 de la loi discutée, lequel n'a eu en vue que l'homicide commis avec préméditation, dont il est question dans l'art. 11

de la première section du titre 2 de la deuxième partie du code pénal, et, pour me servir des expressions de la loi, que l'assassinat prémédité.

Cependant le tribunal spécial peut connoître de l'homicide qualifié d'assassinat dans l'article 14 de la première section du titre 2 de la deuxième partie du code pénal, sous le rapport du cas où il a été précédé d'une sédition, quand l'attroupement séditieux a été fait avec armes. Mais sa compétence est alors fondée sur l'article 11 de la loi discutée.

L'article 13, section première de la deuxième partie du même code, veut : que l'assassinat, quoique non consommé, soit puni de la peine portée en l'article 11, lorsque l'attaque, à dessein de tuer, aura été effectuée. Cette disposition a été généralement adoptée par la loi du 22 prairial an 4, portant que toute tentative de crime, manifestée par des actes extérieurs et suivie d'un commencement d'exécution, sera punie comme le crime, si elle n'a été suspendue que par des circonstances fortuites, indépendantes de la volonté du prévenu.

6°. Le crime d'incendie, dont la connoissance est attribuée au tribunal spécial, doit être puni des peines portées en l'article 32 de la deuxième section du titre 2 de la deuxième partie du code pénal, et en l'article 7 de l'appendice à la cinquième section du titre 1er., formant la sixième section de ce titre.

L'article 32 ordonne, que toute personne convaincue d'avoir, par malice ou vengeance, et à dessein de nuire à autrui, mis le feu à des maisons, bâtimens, édifices, navires, bateaux, magasins, chantiers, forêts, bois-taillis, récoltes en meules ou sur pied, ou à des matières combustibles disposées pour y communiquer le feu, sera puni de mort.

L'article 7 de l'appendice contient la même disposition à l'égard de ceux qui auroient mis le feu à des édifices, magasins, arsénaux, vaisseaux ou autres propriétés appartenantes à l'État, ou à des matières combustibles disposées pour y communiquer le feu.

L'article 33 de la deuxième section du titre 2 de la deuxième partie du code pénal qui concerne ceux qui seroient convaincus d'avoir détruit par l'effet d'une mine, ou disposé une mine pour détruire des bâtimens, maisons, édifices, navires ou vaisseaux, n'est pas compris dans l'attribution du crime d'incendie, quoique l'explosion ait lieu par l'effet du feu, parce que ce délit a été séparé, dans le code pénal, de celui d'incendie compris dans l'article 32.

La compétence du tribunal spécial ne peut s'étendre non plus à la disposition de l'article 34, suivant lequel ceux qui seroient convaincus d'avoir verbalement, ou par écrits anonymes ou signés, menacé d'incendier la propriété d'autrui, quoique lesdites menaces n'aient pas été réalisées, seront punis de quatre années de fers : car l'attribution donnée à ce tribunal ne comprend que le crime d'incendie ; ce qui ne peut avoir pour objet que la consommation ou la tentative de ce crime, et non une simple menace, qui n'a aucun de ces caractères.

7°. La peine du crime de fausse monnoie est de quinze années de fers, suivant l'article 1er. de l'appendice à la cinquième section du titre 1er. de la deuxième partie du code pénal, contre ceux qui seroient convaincus d'avoir contrefait ou altéré les espèces ou monnoies nationales ayant cours, ou d'avoir contribué sciemment à l'exposition desdites pièces ou monnoies contrefaites ou altérées, ou à leur introduction dans l'enceinte du territoire français.

L'article 1er. de la loi du 1er. brumaire an 2, a déclaré acquis à la république les biens des condamnés pour crime de fausse monnoie.

8°, Il faut prendre pour base, à raison des assassinats préparés par des attroupemens armés, les articles 1, 2, 3, 4 et 6 de la quatrième section du titre 1er. de la deuxième partie du code pénal.

Les articles 1 et 2 font mention des violences et voies de fait, et de la résistance opposée avec armes, soit à l'exécution d'une loi, soit à la perception d'une contribution légalement établie, soit à l'exécution d'un jugement, mandat, ordonnance de justice ou de police.

Depuis la loi du 22 floréal an 2, ce cas a lieu dans les différentes espèces des articles

ticles 1, 2, 3, 4 et 6, lors même que le dépositaire de la force publique n'a pas prononcé la formule d'obéissance à la loi.

L'article 3 a pour objet une résistance opposée, soit avec armes, soit sans armes, par des personnes réunies au-dessous du nombre de seize.

Il s'agit dans l'article 4 de la résistance opposée avec ou sans armes par un attroupement de plus de quinze personnes.

Enfin, l'article 6 a pour objet la punition des coupables des crimes mentionnés aux articles précédens, lorsqu'ils ont commis personnellement des homicides.

Il est inutile d'examiner ici quelles sont les peines infligées à raison des délits mentionnés aux articles 1, 2, 3 et 4, puisqu'aucun de ces délits n'est par lui-même de la compétence du tribunal spécial, sous le rapport des assassinats préparés par des attroupemens armés.

Il suffira de remarquer que la peine de mort est prononcée; dans le cas de l'article 6, contre tous ceux qui, étant coupables de l'un des crimes spécifiés dans les articles 1, 2, 3 et 4, ont personnellement commis des homicides.

Ce cas forme un assassinat, aux termes de l'article 14 de la première section du titre 2 de la seconde partie du code pénal, lorsqu'il a été précédé du crime de sédition; mais il n'est de la compétence du tribunal spécial, qu'autant que l'attroupement étoit armé.

Ainsi donc, si des séditieux armés, quel que fût le nombre d'entr'eux, ont commis un meurtre, ils doivent être poursuivis devant ce tribunal, puisque l'article 3 de la quatrième section du titre 1er. de la seconde partie du code pénal, a donné le caractère d'attroupement à plusieurs personnes réunies, même au-dessous du nombre de seize, et que l'article 5 a qualifié d'attroupement séditieux ceux mentionnés dans les précédens articles.

Cette espèce de délit peut aussi se rencontrer dans le cas de l'article 5 de la loi du 30 prairial an 3, que je rapporterai dans le paragraphe 11.

9°. J'ai observé dans le chapitre 2, que l'article 11 de la loi discutée, en parlant du crime d'embauchage et de machinations pratiquées hors l'armée, et par des individus non militaires, pour corrompre ou suborner les gens de guerre, les réquisitionnaires et conscrits, a eu en vue deux délits différens.

Il ne faut pas juger du sens de la loi par les termes qu'elle a employés : car, dans le même article, elle a fait usage des mêmes expressions au sujet du crime d'incendie et de fausse monnoie, quoiqu'il en résulte deux délits qui n'ont aucun rapport ensemble.

C'est donc par la qualité du crime d'embauchage et du délit de machinations, énoncés dans l'article 11, et surtout par les peines infligées pour l'un et l'autre délit, qu'on peut connoître si cet article n'a eu pour objet qu'un seul crime dans la désignation d'embauchage et de machinations, ou s'il en a considéré deux.

Sont réputés embaucheurs, par l'art. 2 de la loi du 4 nivôse an 4, ceux qui, par argent ou par des liqueurs enivrantes, ou tout autre moyen, chercheroient à éloigner de leurs drapeaux les défenseurs de la patrie, pour les faire passer à l'ennemi, à l'étranger ou aux rebelles.

Les prévenus de ce délit étoient justiciables des conseils militaires : article 6 de la même loi.

L'article 4 de la première section du titre 1er. de la deuxième partie du code pénal, qui a infligé la peine de mort dans les diverses espèces qu'il contient, ne renferme pas celle du crime d'embauchage, quoique les deux conditions qui doivent concourir pour le former y soient mentionnées. Cet article a fait produire un délit à chacune de ces conditions prises séparément : ensorte que le crime d'embauchage ne pourroit résulter du code pénal, qu'autant que ces deux conditions se trouveroient réunies contre un ou plusieurs individus.

Mais l'article 11 du titre 3 de la loi du 19 octobre 1791, qui a prononcé la peine de mort, contre tout embaucheur pour l'étranger ou pour les rebelles, a eu pour objet le crime d'embauchage.

L'article 1er. de la loi du 4 nivôse an 4, a renouvelé la même disposition et ordonné la confiscation des biens de ceux qui seroient convaincus de ce crime.

L'article 1er. du titre 4 de la loi du 21 brumaire an 5 a aussi infligé la peine de mort contre tout embaucheur ou complice d'embauchage pour une puissance en guerre avec la république ; et cette loi, surabondante, quant à ce, dès que la même peine avoit été établie contre tout embaucheur pour l'étranger par la loi du 19 octobre 1791, n'a pu porter atteinte au surplus des lois précédentes, dès qu'elles ne les a pas abrogées, son intention ayant été seulement de préciser, dans les circonstances de la guerre, le crime d'embauchage commis en faveur d'une puissance ennemie.

Quoique l'article 1er. du titre 4 de la loi du 11 brumaire an 5 ait seule soumis les complices de l'embaucheur à la même peine que lui, il n'en est pas moins certain que cette règle doit être suivie dans tous les cas, puisqu'elle est généralement établie dans le titre 3 de la deuxième partie du code pénal, contre les complices des crimes.

L'article 1er. de ce titre veut que les complices soient punis de la même peine que les auteurs du crime dans les cas suivans :

Lorsqu'on aura provoqué le coupable par dons, promesses, ordres ou menaces, à commettre le crime ;

Lorsqu'on aura sciemment et dans le dessein du crime, procuré au coupable ou aux coupables les moyens, armes ou instrumens qui ont servi à son exécution ;

Lorsqu'on aura sciemment et dans le dessein du crime, aidé et assisté le coupable ou les coupables, soit dans les faits qui ont préparé ou facilité son exécution, soit dans l'acte même qui l'a consommé.

Quand un crime a été commis, quiconque est convaincu d'avoir provoqué directement à le commettre, soit par des discours prononcés dans les lieux publics, soit par des placards ou bulletins affichés ou répandus dans lesdits lieux, soit par des écrits rendus publics par la voie de l'impression, doit, aux termes de l'article 2, être puni de la peine infligée par la loi contre les auteurs du crime.

C'est d'après ces bases que le tribunal spécial doit prononcer sur le crime d'embauchage dont l'article 11 de la loi discutée lui a indéfiniment donné l'attribution, et sur les autres délits de sa compétence.

10°. A l'égard des machinations pratiquées hors l'armée et par des individus non militaires, pour corrompre ou suborner les gens de guerre, les réquisitionnaires et conscrits, il faut consulter le code pénal, les lois des 4 nivôse an 4 et 21 brumaire an 5 ci-dessus énoncées et celles des 24 brumaire an 6 et 14 messidor an 7.

L'article 4 de la première section du titre 1er. de la deuxième partie du code pénal avoit prononcé la peine de mort pour toute manœuvre tendante à ébranler la fidélité des officiers et soldats envers la nation française.

L'article 4 de la loi du 4 nivôse an 4, abrogea cette peine en infligeant celle de neuf années de détention à celui qui, sans être embaucheur pour l'ennemi, l'étranger ou les rebelles, engageroit cependant les défenseurs de la patrie à quitter leurs drapeaux.

Les conseils militaires avoient été autorisés par l'article 6 à prononcer sur cette espèce de délit.

Suivant l'article 7 du titre 2 de la loi du 21 brumaire an 5, tout habitant de l'intérieur de la république, convaincu d'avoir recélé la personne d'un déserteur, d'avoir favorisé son évasion, ou de l'avoir, de toute autre manière, soustrait aux recherches et poursuites ordonnées par la loi, devoit être dénoncé à l'accusateur public de son département, poursuivi devant le tribunal criminel, et puni de deux années de gêne, et de deux ans de fers s'il avoit recélé ce déserteur avec armes et bagages.

Ces peines ont été modifiées par l'art. 4 de la loi du 24 brumaire an 6, qui a seulement prononcé dans tous les cas du précédent article des peines correctionnelles; savoir : l'emprisonnement pendant un an, et une amende qui ne peut être moindre de 300 fr., ni excéder 3000 fr. L'emprisonnement doit être porté à deux ans si le déserteur ou réquisitionnaire a été recélé avec armes et bagages.

Il est aisé de sentir que parmi les trois divers cas portés par l'article 7 du titre 2 de de la loi du 21 brumaire an 5, un seul, celui qui concerne les manœuvres employées pour favoriser l'évasion d'un déserteur, a du rapport au délit de machinations pratiquées hors l'armée, et par des individus non militaires pour corrompre ou suborner les gens de guerre, les réquisitionnaires et conscrits : car il y a corruption et subornation, soit que le prévenu ait donné au militaire le conseil de s'évader, soit qu'ayant approuvé la résolution déjà prise par le militaire, il l'ait maintenu dans ce dessein, soit qu'il lui ait fourni les moyens de l'exécuter.

Mais celui qui recèle un déserteur ou qui le soustrait à la poursuite et aux recherches ordonnées par la loi, quoiqu'il commette un délit, ne se rend pas coupable de corruption et de subornation pour sa désertion ou son évasion, puisque le déserteur a déjà consommé le crime de désertion.

J'examinerois vainement, par rapport à la compétence des conseils de guerre et des tribunaux ordinaires à l'égard des machinations pratiquées pour favoriser l'évasion d'un déserteur, si l'article 4 de la loi du 4 nivôse an 4 a été abrogé par l'article 7 du titre 2 de celle du 21 brumaire an 5, et par l'article 4 de la loi du 24 brumaire an 6, puisque ce délit n'est plus de la compétence d'aucun de ces tribunaux depuis que la connoissance en a été attribuée au tribunal spécial.

Mais cet examen est indispensable quant à la punition prononcée par ces lois, parce que les peines qui ont été infligées par les deux plus récentes sont moins rigoureuses que celles établies par l'article 4 de la loi du 4 nivôse an 4, les unes étant seulement correctionnelles, tandis que les autres sont afflictives.

Je pense que ces lois renferment des délits d'une nature différente.

Dans l'espèce de l'article 4 de la loi du 4 nivôse an 4, la corruption ou subornation doit être imputée toute entière à celui qui, sans être embaucheur, a cependant engagé les défenseurs de la patrie à quitter leurs drapeaux. Le prévenu de ce crime a tout fait pour déterminer la désertion; le militaire a seulement cédé à l'impulsion qu'il a reçue.

Au contraire, dans le cas de l'article 7 du titre 2 de la loi du 21 brumaire an 5, et de l'art. 4 de la loi du 24 brumaire an 6, c'est par le concours du militaire et du suborneur que le complot a été fait, et il paroît même, des termes de ces lois, que le militaire a eu l'initiative.

Voilà pourquoi ces deux lois ont prononcé des peines autres que celles portées par la loi du 4 nivôse an 4; et c'est par le même motif que cette loi et celle du 24 brumaire an 6 doivent être maintenues, quant aux diverses espèces de délit qu'elles contiennent, et pour les peines qu'elles ont infligées.

L'article 2 de cette dernière loi veut que tout fonctionnaire public, convaincu d'avoir favorisé la désertion, empêché ou retardé le départ des déserteurs et des citoyens de la réquisition, soit par des écrits, soit par des discours, soit condamné à deux années d'emprisonnement, à une amende qui ne peut être moindre de 500 fr., ni excéder 2,000 fr., et destitué de ses fonctions.

Or, tous ces cas sont compris dans l'espèce de délit que je discute, puisque l'action de la corruption et de la subornation est essentiellement dépendante des écrits et des discours qui ont eu pour objet de favoriser la désertion, et d'empêcher ou de retarder le départ des militaires.

Cette circonstance, d'une subornation pratiquée ou tentée par des écrits ou des discours, ne se trouvant pas dans l'art. 1er, il s'ensuit que les délits y mentionnés ne sont pas de la compétence du tribunal spécial : car on peut, soit par négligence, soit par mauvais dessein, empêcher ou entraver l'exécution des lois relatives aux militaires, sans conniver avec eux, et sans qu'il y ait par conséquent corruption, ni subornation.

Cette différence est encore mieux sentie, quand on examine les articles 5 et 6 de la même loi.

L'article 5 a ordonné que ceux qui auront reçu chez eux un déserteur ou réquisitionnaire fugitif, ne seront pas admis à proposer, comme excuse valable, que ledit déserteur ou réquisitionnaire étoit entré chez eux en qualité de serviteur à gages, à moins qu'ils ne l'aient préalablement présenté à l'administration municipale de leur canton pour l'interroger, examiner ses papiers et passeport, et s'assurer, par tous les moyens possibles, qu'il n'étoit point dans le cas de la désertion ni de la réquisition.

La négligence des administrateurs à cet égard doit être punie, d'après les premières dispositions de l'article 6, conformément à l'article 1er., et jusques-là le tribunal spécial n'a aucune compétence.

Mais s'il y a eu, de la part des administrateurs, connivence pour favoriser la désertion, la seconde partie de l'article 6 veut que les peines portées par l'article 2 leur soient appliquées, d'où il résulte que les administrateurs sont, dans ce cas, justiciables du tribunal spécial; que celui qui favorise la désertion se rend coupable de connivence avec le militaire, et qu'il y a alors des machinations pour le corrompre et le suborner.

Il en seroit de même dans l'espèce de l'article 7 qui concerne les particuliers.

Ceux qui seront convaincus, dit cet article, d'avoir fait de fausses déclarations à l'administration du canton pour favoriser la désertion, seront punis des mêmes peines que les recéleurs, c'est-à-dire, des peines portées par l'article 4, que j'ai déjà rapporté; et comme une fausse déclaration, faite pour favoriser la désertion, est un acte de connivence avec le déserteur, et une machination qui a pour objet de le corrompre pour l'empêcher de se rendre à l'armée, ou d'aller rejoindre son corps, le délit en résultant doit appartenir au tribunal spécial.

Pour ce qui est des conscrits, l'art. 32 de la loi du 14 messidor an 7, a chargé les administrations centrales du département de l'Ouest de veiller à ce qu'il n'y ait que les conscrits de ce département qui jouissent du bénéfice de l'article 11 de la loi du 23 fructidor an 6, et de faire arrêter ceux des autres départemens qui, lors de la publication de cette loi, ne se rendroient pas dans leurs départemens respectifs.

Ces dispositions ne sont relatives qu'aux administrations du département de l'Ouest; mais celle qui suit paroît être générale, quoiqu'elle soit comprise dans le même article, puisque le motif qu'elle a eu est commun à tous les départemens, et que l'injonction qu'elle a faite porte sur les administrateurs en général. En voici le contenu: « Les administrateurs qui contreviendront aux dispositions du présent article, seront poursuivis et punis conformément aux articles 1 et 2 de la loi du 24 brumaire an 6 » : c'est-à-dire, de deux années d'emprisonnement s'il n'y a pas connivence pour favoriser la désertion, auquel cas la connoissance du délit est de la compétence du tribunal de police correctionnelle (comme je l'ai établi sur l'article 1er. de cette dernière loi), et de la même peine, et en outre d'une amende qui ne peut être moindre de 500 f., ni excéder 2000 fr., et de la destitution des fonctions si le fonctionnaire public a favorisé l'évasion, aux termes de l'article 2 de la même loi du 24 brumaire an 6, et s'il y a eu connivence entre lui et le militaire, comme il est expliqué par l'article 6 de cette loi. Alors le délit doit être poursuivi devant le tribunal spécial.

Il est maintenant facile de connoître si la désignation du crime d'embauchage et de machinations comprend un ou plusieurs délits.

Deux circonstances sont requises pour former le crime d'embauchage ; il faut, 1°. qu'il y ait subornation envers les défenseurs de la patrie, pour les engager à quitter leurs drapeaux ; 2°. que cette subornation ait pour objet de faire passer ces militaires à l'ennemi, à l'étranger ou aux rebelles.

La première de ces deux circonstances suffit au contraire pour donner lieu au crime de machinations.

Cette distinction est dans les lois citées ; il seroit donc inutile de rien ajouter pour établir le sentiment que j'ai énoncé.

11°. Le tribunal spécial connoît enfin, d'après l'article 12 de la loi discutée, des rassemblemens séditieux contre les personnes surprises en flagrant délit dans lesdits rassemblemens. Il faut d'abord se fixer, à ce sujet, sur les dispositions des articles 1, 2, 3, 4 et 5 de la quatrième section du titre 1er. de la deuxième partie du code pénal.

Ainsi, le tribunal spécial devra prononcer,

cer, contre les personnes surprises en flagrant délit dans les rassemblemens séditieux, désignés dans le code pénal, les peines suivantes :

Dans le cas des violences et voies de fait, dont il s'agit dans l'article 1er. de la quatrième section du titre 1er. de la deuxième partie, deux années de détention ;

Dans l'espèce de l'article 2, si ladite résistance est opposée avec armes, quatre années de fers ;

Dans le cas de l'article 3, quand la résistance est opposée par plusieurs personnes réunies au-dessous du nombre de seize, quatre années de fers si la résistance est opposée sans armes, et huit années de fers si elle est opposée avec armes ;

Dans l'espèce de l'article 4, lorsque la résistance est opposée par un attroupement de plus de quinze personnes, huit années de fers si la résistance est opposée sans armes, et seize années de fers si la résistance est opposée avec armes ;

Enfin la peine de mort dans le cas de l'article 5, lorsque le progrès d'un attroupement séditieux ayant nécessité l'emploi de la force des armes, prescrit par les art 26 et 27 de la loi du 3 août 1791, relative à la force publique contre les attroupemens, les sommations prescrites par lesdits articles, auront été faites aux séditieux par un officier civil.

La loi du 30 prairial an 3 peut encore donner lieu à la compétence du tribunal spécial, dans l'espèce de l'article 12 de la loi discutée.

L'article 2 de la loi du 30 prairial an 3 veut que les individus qui, contre leur serment de soumission aux lois de la république, auront conspiré ou se seront armés contr'elle, soient poursuivis comme rebelles.

Les chefs, commandans et capitaines, les embaucheurs et les instigateurs de rassemblemens armés sans l'autorisation des autorités constituées, soit sous le nom de chouans, ou sous telle autre dénomination, doivent être punis de mort, aux termes de l'article 3.

Les hommes armés pris dans ces rassemblemens, s'ils sont déserteurs ou étrangers au département où ils seront pris, sont sujets à la même peine, en vertu de l'article 4.

L'article 5 porte, que les habitans des campagnes, entraînés et surpris dans ces rassemblemens, et qui ne seront pas convaincus d'avoir participé aux assassinats, seront punis, suivant la gravité des cas, de deux, trois ou quatre mois de détention, et d'une amende égale à la moitié de leur revenu, et que leur liberté ne leur sera rendue que sous la caution de quatre citoyens connus qui répondront de leur conduite.

Les prévenus arrêtés, dans lesdits rassemblemens, devoient être traduits par les ordres du commandant de la force armée, devant le tribunal militaire de la division, pour y être jugés dans le plus court délai : article 6.

Les articles suivans sont étrangers à l'attribution donnée au tribunal spécial, à l'égard des personnes surprises en flagrant délit, dans des rassemblemens séditieux.

C'est en vertu de cette loi, et des lois subséquentes, que des commissions militaires extraordinaires ont été établies dans certains départemens, par des arrêtés du Gouvernement. Celui du 29 frimaire dernier ordonna qu'il en seroit formé, pour agir à la suite des colonnes d'éclaireurs chargées de poursuivre les brigands dans les départemens du Var et des Bouches-du-Rhône. L'arrêté du 4 ventôse qui a prescrit l'établissement des tribunaux spéciaux dans les départemens y mentionnés, enjoint aux commissions militaires de cesser leurs fonctions sur la signification de l'installation du tribunal spécial, qui sera faite par le préfet au commandant de la division, et qui doit avoir lieu le premier germinal.

Les commissions militaires qui sont à la suite des colonnes d'éclaireurs dans les départemens du Var et des Bouches-du-Rhône, sont exceptées de cette disposition. Elles doivent continuer de suivre ces colonnes, mais elles ne peuvent juger que les individus pris les armes à la main.

Ensorte que les rassemblemens désignés dans la loi du 30 prairial an 3, étant évidemment séditieux, le tribunal spécial doit juger les personnes surprises en flagrant délit dans ces rassemblemens, à l'exception du cas que je viens de mentionner, et il doit infliger les peines prononcées par les articles 3, 4 et 5 de cette loi, suivant les différentes sortes de délit dont elle a fait mention.

La loi du 27 germinal an 4 renferme aussi plusieurs cas qui peuvent donner lieu à des rassemblemens séditieux.

L'article 1er. a prononcé la peine capitale contre tous ceux qui, par leurs discours ou par leurs écrits imprimés, soit distribués, soit affichés, provoqueroient la dissolution de la représentation nationale ou celle du Gouvernement, ou le meurtre de tous ou aucun des membres qui le composent, ou le rétablissement de la royauté, ou celui de la constitution de 1793, ou de celle de 1791, ou l'invasion des propriétés publiques, ou le pillage ou le partage des propriétés particulières, sous le nom de loi agraire ou de toute autre manière.

La peine de mort doit être commuée en celle de la déportation, si le jury déclare qu'il y a dans le délit des circonstances atténuantes.

La connoissance de ces divers genres de

délit appartient au tribunal criminel, mais l'article 5 peut donner lieu à la compétence du tribunal spécial, puisqu'il a déclaré que tout rassemblement où se feroient des provocations de la nature de celles mentionnées en l'article premier prenoit le caractère d'un attroupement séditieux.

L'article 6 porte que tous ceux qui se trouveront dans ces rassemblemens, seront tenus de se retirer aussitôt après la première sommation qui leur en sera faite par le magistrat, ou par le commandant de la force armée, et que ceux qui resteroient après cette sommation seront saisis et punis; savoir, les étrangers ou déportés rentrés en France, de la peine mentionnée en l'article 1er.; ceux qui, ayant rempli des fonctions publiques, soit aux choix du peuple, soit à tout autre titre, et ayant été mis en accusation, n'ont pas été acquittés par un jugement, de la peine de la déportation; et tous autres, de la peine de cinq années de fers.

Les personnes surprises en flagrant délit dans de pareils rassemblemens, étant justiciables du tribunal spécial, d'après l'article 12 de la loi discutée, ce tribunal devroit prononcer suivant les divers cas marqués dans l'article 6 de la loi du 27 germinal an 4, les peines qu'il a déterminées en observant toutefois que dans l'espèce où la peine de mort doit avoir lieu, elle devroit être commuée en celle de la déportation si le tribunal trouvoit dans le délit des circonstances atténuantes.

12°. J'ai dit, au sujet du crime d'incendie, que les menaces faites verbalement ou par écrit, d'incendier la propriété d'autrui, lorsqu'elles n'ont pas été réalisées, ne sont pas comprises dans l'attribution donnée au tribunal spécial; mais comme j'ai mentionné, page 143, la peine que le code pénal avoit infligée à ce sujet, je dois ajouter ici que cette peine a été modifiée par l'article 13 de la loi du 25 frimaire an 8, qui a seulement prononcé un emprisonnement qui ne peut être moindre de six mois, ni excéder deux années.

Art. XXX.

A compter du jour de la publication de

la présente loi, tous les détenus pour crimes de la nature de ceux mentionnés dans le titre II seront jugés par le tribunal spécial; en conséquence, il est enjoint à tous juges de les y envoyer avec les pièces, actes et procédures déjà commencées; et néanmoins, en cas de condamnation, on n'appliquera aux crimes antérieurs à la publication de la présente loi, que les peines portées contre ces délits par le code pénal.

J'ai établi pages 78 et 79, que le renvoi ordonné par cet article, ne peut être fait, quant aux assassinats prémédités, à cause de la concurrence admise par l'article 10. Je crois devoir rappeler ici, à l'égard de celle indirectement prescrite par l'article 11, qu'on ne pourroit diviser, sans de grands inconvéniens, dans l'espèce qu'il contient, la poursuite du délit spécial et du délit ordinaire imputés à un même accusé. Si la division étoit admise, il faudroit instruire et juger en même tems les deux délits, ou attendre que le jugement du tribunal d'exception, sur le délit de sa compétence,

tence, eût été rendu pour instruire et juger à l'égard du délit commun. Chacun de ces cas produiroit des conséquences qui ne pourroient se concilier avec l'intérêt public, celui de l'accusé et les maximes de l'ordre judiciaire.

Au premier cas, la plus grande confusion auroit lieu dans les procédures; les mêmes juges instruiroient à-la-fois, et par des actes séparés, deux accusations différentes. La défense de l'accusé seroit compliquée : les époques des divers actes des deux procès pourroient se rencontrer. Le recours préalable pour la compétence seroit de rigueur dans une procédure ; il n'auroit pas lieu dans l'autre. Il en seroit de même en sens inverse pour le recours en cassation contre le jugement du fonds. Le jugement qui seroit rendu le premier sur l'un des deux délits, pourroit, par sa nature, rendre inutile tout ce qui auroit été fait à l'égard de l'autre.

Dans le second cas, un accusé, poursuivi devant le tribunal spécial pour un fait qui n'emporteroit pas peine afflictive, pourroit obtenir provisoirement sa liberté en donnant caution, conformément à l'article 222 du code des délits et des peines, et à la loi du 29 thermidor an 4, et se soustraire à la peine afflictive que le délit commun pourroit mériter. Dans l'intervalle nécessaire, pour parvenir à l'exécution du jugement rendu par le tribunal d'exception, la personne dangereusement blessée, dans l'espèce d'un homicide, pourroit perdre la vie; un témoin oculaire pourroit mourir, et le coupable qui auroit été convaincu, au moyen d'une pareille preuve jointe aux autres circonstances du procès, seroit absous. Un témoin favorable à un accusé innocent, et dont la déclaration auroit fait pancher la balance en sa faveur, pourroit éprouver le même sort : cet accusé seroit condamné.

Le recours au tribunal de cassation pour le jugement de compétence, ne porte aucune atteinte à l'opinion que j'ai énoncée. J'observe que la loi ne permet, dans le tribunal spécial, aucune procédure intermédiaire entre le jugement de compétence et le jugement du fonds; ensorte que si l'inculpation, sur des délits communs, a lieu avant le premier de ces jugemens, elle y sera comprise, et le tribunal de cassation y prononcera. Dans le cas contraire, l'inculpation aura lieu lors des débats, et le tribunal spécial devra se conformer à l'article 446 du code des délits et des peines, si la punition que les nouveaux faits peuvent mériter est plus forte que celle qu'il aura prononcée. Si le fait est spécial, il fera une nouvelle instruction : s'il est ordinaire, il renverra au tribunal criminel; parce que la connexité, qui est le fondement de la concurrence, dans le cas de l'art. 13 de la loi discutée, n'existant pas dans cette supposition, il n'y aura aucun motif pour priver l'accusé de ses juges naturels.

Je soumets ces nouvelles réflexions et celles que j'ai faites sur l'article 13, à la méditation de ceux qui pourroient avoir un sentiment contraire, à la sagesse et aux lumières des tribunaux établis pour prononcer sur cette question, et de l'autorité compétante pour résoudre les difficultés qui peuvent s'élever sur le sens des lois.

Au surplus, je ne doute pas que le tribunal de cassation ne puisse prononcer sur les nullités de la procédure qui pourroient se rencontrer dans les poursuites faites avant le jugement de compétence, et renvoyer devant le même tribunal pour recommencer l'instruction, à compter des actes qui auroient été annullés. L'article 26, en autorisant le tribunal de cassation à prendre connoissance de tous jugemens de compétence et à y statuer, a sans doute compris dans cette attribution la connoissance des procédures qui en ont été les bases.

A l'égard des formalités qui concernent le jugement définitif, et de l'application de la peine, l'examen des moyens de nullité qui pourroient en résulter, ne peut plus appartenir au tribunal de cassation. Les Législateurs ont cru pouvoir s'en rapporter à la prudence et à l'équité du commissaire et des juges des tribunaux spéciaux : ils sentiront tout le prix d'une si grande confiance, et les obligations qu'elle leur impose. Ils seront attentifs à observer les formes prescrites par l'article 28 de la loi discutée, et les dispositions relatives du code du 3 brumaire an 4. L'application des peines aux délits sera pour eux le sujet d'une méditation profonde, et ils ne perdront pas de vue que, dans les cas douteux, la loi a toujours prononcé en faveur des accusés.

Art. XXXI.

Le tribunal spécial demeurera révoqué de plein droit deux ans après la paix générale.

Alors, l'ordre public entièrement rétabli par les soins du Gouvernement, le zèle, l'activité et la justice de ce tribunal, sera facilement maintenu par des lois plus douces, et par les tribunaux ordinaires : mais on devra ce grand bienfait à cette institution.

FIN.

ERRATUM.

Page 100, ligne 15, crime prévôtal, *lisez* : crime spécial.